1, 2, 3, ¡RESPIRA!

1, 2, 3, ¡RESPIRA!

Para niños de 3 a 10 años

Carla Naumburg

Traducción de Victoria Morera

GRUPO ZETA

Barcelona • Madrid • Bogotá • Buenos Aires • Caracas • México D.F. • Miami • Montevideo • Santiago de Chile

Título original: *Ready, set, breathe*
Traducción: Victoria Morera
1.ª edición: septiembre 2016

© Carla Naumburg, 2015
© Ediciones B, S. A., 2016
   Consell de Cent, 425-427 - 08009 Barcelona (España)
   www.edicionesb.com

Printed in Spain
ISBN: 978-84-666-5961-1
DL B 13267-2016

Impreso por QP PRINT

Índice

Este libro está dedicado a la comunidad en que vivo, a todos mis amigos que son padres y se esfuerzan por criar a su hijos con todo el cariño y la aptitud posibles.

El de la crianza no es un viaje fácil, y me siento agradecida de poder hacerlo codo con codo con todos vosotros. Gracias por vuestro humor, vuestra honestidad y vuestro apoyo. Sin todos vosotros, mi vida con dos criaturas no sería ni la mitad de divertida.

Introducción

«¿Quieres hacer el favor de calmarte y respirar?», le solté a mi hija de cinco años la otra mañana. Las dos nos habíamos levantado con el pie izquierdo y todo había ido de mal en peor. Me tenía acorralada en la cocina con sus gemidos y lloriqueos porque se habían acabado sus cereales favoritos y no le había dado permiso para que se llevara un querido juguete al parvulario. Su hermana de cuatro años, quien se suponía que debía estar desayunando, no paraba de levantarse para coger un juguete o terminar un dibujo, y yo tenía que recordarle una y otra vez que se sentara y acabase de desayunar. Además, no paraba de pensar en todo lo que tenía que hacer aquella mañana: preparar la comida, vestirme, terminar de hacer las maletas y despedirme de la familia a tiempo. En el fondo, me sentía culpable por marcharme esa tarde con motivo de un viaje de trabajo de tres días. Aunque sabía que las niñas estarían bien con su padre, también sabía que mi inminente ausencia era una de las causas de que la mayor estuviese teniendo una horrible mañana, y no podía evitar sentirme mal por eso. Como ella, me encontraba cansada y abrumada, y gritarle que respirara fue lo más cercano a mis conocimientos de mindfulness que pude conseguir en aquel momento; o sea, nada.

Como era de esperar, respondió de la misma forma:

—¡No quiero respirar, mamá!

Puede que ella no percibiera lo ridículo de su afirmación, pero a mí me sacó de mi irritabilidad el tiempo suficiente para proporcionarme algo de perspectiva. Dejé el cuchillo de la mantequilla de cacahuete, apoyé las manos en la encimera y respiré hondo varias veces. Cuando noté que me tranquilizaba un poco, tomé en brazos a mi hija mayor, me senté con ella en mi regazo y seguí respirando. Al final, su respiración se volvió más lenta y regular. Después de unos minutos, me preguntó qué estaba haciendo.

—Solo estoy respirando. Eso es todo.

—¡Ah! —repuso con una sonrisa—. ¡Yo también!

Y así nos quedamos durante unos minutos, respirando juntas, sencillamente. Aunque sé que mi hija respiraba, no sé si era consciente de su respiración de la misma forma que yo de la mía. Yo prestaba atención al aire que entraba y salía por mi nariz, y cada vez que en mi mente aparecía un pensamiento estresante sobre las cosas que tenía que hacer y cómo iba a conseguir que mi otra hija desayunara, lo dejaba ir y volvía a centrarme en la respiración. En cambio, mi hija estaría pensando en muñecas, unicornios o helados; cualquier cosa salvo su respiración. La verdad es que no tiene mucha importancia. Cuando regresamos a la cocina, las dos estábamos más tranquilas y nos sentíamos más conectadas y presentes con nosotras mismas y la una con la otra. En realidad, nada había cambiado: ella seguía sin tener su desayuno favorito y no llevaría su juguete al parvulario, y yo seguía teniendo muchas cosas pendientes. La diferencia consistía en que, cuando nos tranquilizamos, en lugar de ponernos histéricas interiormente y, en consecuencia, la una con la otra, logramos afrontar nuestros retos con mayor habilidad.

Nuestra mañana se enderezó a partir de que dejé el cuchillo y respiré hondo varias veces. En ese instante traté de conectar con una actitud mental más consciente, lo que consiste en prestar atención a lo que está ocurriendo «aquí y ahora» sin juzgarlo ni desear que sea diferente. Me había pasado parte de la mañana haciendo unas cosas con el cuerpo —ducharme, vestirme, preparar los desayunos— y otras con la mente —en general, estresarme, preocuparme y sentirme culpable—. Esta atención dividida caracteriza la forma en que la mayoría de nosotros nos movemos en la vida diaria casi todo el tiempo, a menudo sin darnos cuenta. En la vida moderna, hacer varias cosas a la vez suele ser inevitable, y aunque a veces nos ayuda a ser un poco más eficientes, a menudo nos produce estrés y nos lleva a cometer errores y responder con brusquedad a nuestros hijos. Cuando estaba en la cocina preparando los bocadillos, me encontraba tan absorta en mis pensamientos inútiles que no prestaba atención a lo que le ocurría a mi hija mayor, lo que motivó que nos enfrascáramos en una lucha de poder por los juguetes y los cereales. Sin embargo, cuando dediqué tiempo a fijarme en lo que estaba sucediendo en realidad, fui capaz de reaccionar de una forma más hábil y efectiva y le presté a mi hija la atención que estaba reclamando desde el principio. Respirar profundamente fue un paso importante que me ayudó a salir de mi mente y volver al presente. En esto consiste la paternidad consciente, en decidir centrar nuestra atención en el momento presente con amabilidad y curiosidad para poder elegir conscientemente cómo actuar, en lugar de reaccionar a partir de la confusión y la frustración.

Los adultos no somos los únicos que nos distraemos por culpa de los pensamientos, nos estresamos por las cosas que no podemos controlar y nos cuesta gestionar nuestras emociones. Nuestros hijos también se enfrentan a estos retos y necesitan nuestra ayuda para aprender a superarlos de formas empáticas y efectivas. Muchos padres recurrimos a las tablas de progresos y el rincón de pensar, y estas herramientas pueden ser útiles, pero solo hasta cierto punto. El problema consiste en que se trata de recursos externos que nos aportan información y nos ayudan a implantar disciplina, pero si nosotros, los padres, no estamos presentes, el cambio de comportamiento no se producirá. El mindfulness se fundamenta en la experiencia y la perspectiva internas y es una habilidad que nuestros hijos siempre podrán llevar consigo sin importar lo que suceda a su alrededor. Trataremos este tema más detalladamente en el capítulo 1, pero para empezar nos resultará útil conocer mejor a qué se enfrentan nuestros hijos y por qué.

Comprender los retos de nuestros hijos

Aquella mañana, como muchas otras, mis hijas se enfrentaban a tres de los retos más comunes que los niños encaran a diario: el estrés, la gestión emocional y los problemas de atención. Estas cuestiones forman parte de la experiencia humana y todos los niños tienen que enfrentarse a ellas en cierto nivel y por distintas razones. En primer lugar, muchas situaciones que los niños viven día a día, desde los deberes escolares hasta el acoso escolar, son estresantes, producen miedo y escapan a su control. Ese es el modo en que lo perciben, y a menudo así es. Por otra parte, aprender a manejar los retos de la vida y las emociones difíciles de manera productiva y saludable forma parte de su desarrollo. Nuestros hijos intentan descubrir cómo identificar y clasificar sus emociones y, también, cómo responder a ellas. Por eso lanzan juguetes al suelo o tienen rabietas cuando se sienten frustrados. Además, su cerebro, en concreto las zonas responsables de las habilidades relativamente avanzadas como la de tranquilizarse, prestar atención y realizar buenas elecciones, todavía no están desarrolladas por completo. Ello implica que, cuando las cosas se complican, lo más probable es que intervenga la parte de su cerebro que los impulsa a pelear o salir huyendo, quedar paralizados o ponerse histéricos. Como veremos, la práctica del mindfulness puede ayudar a los niños a manejar de forma más efectiva el estrés, las emociones y los problemas de atención.

El estrés
Si pidiéramos a la gente que definiera el estrés, es muy probable que la mayoría lo relacionase con el exceso de trabajo, el hecho de enfrentarse a una situación complicada o tratar con personas difíciles. A menudo nos parece que si nuestros jefes, nuestros padres, los profesores de

nuestros hijos o el resto del mundo se tranquilizaran, nuestro nivel de estrés disminuiría. El problema de este punto de vista es que no reconoce el papel que cada uno de nosotros desempeña en la forma en que se percibe el estrés y la respuesta al mismo. Todo el mundo responde de una forma diferente a las situaciones difíciles según cómo sea, entre otras cosas, su temperamento, personalidad, experiencia de vida y habilidades para tolerar y sobrellevar esa clase de situaciones. Me gusta la definición de estrés que suele atribuirse al psicólogo Richard Lazarus (1966) y que se centra en nuestra forma de relacionarnos con lo que sucede en nuestra vida y nuestra sensación de si podemos manejarlo o no. Cuando sentimos que somos incapaces de manejar lo que está sucediendo, sea lo que sea, nos estresamos.

Algunas situaciones pueden considerarse universalmente estresantes para los niños, desde una enfermedad, una pérdida, el divorcio de los padres, el acoso escolar y las dificultades académicas hasta carecer de un hogar o ser víctimas de negligencia o abusos. Sin embargo, es importante tener presente que cualquier situación, incluidas las que consideramos retos normales de la infancia, como cambiar de colegio, la sobrecarga horaria, las peleas con hermanos, ver una película de miedo, las disputas en el patio o despedirse de un padre que realiza un viaje de trabajo, son causas frecuentes de estrés en la vida de un niño. Aunque en ocasiones cierto nivel de estrés resulta útil, ya que puede motivarlos a hacer los deberes, limpiar su habitación o marcar un gol decisivo, demasiado estrés puede tener un impacto perjudicial en sus funciones fisiológicas, su desarrollo cerebral y su capacidad de aprender e integrar información nueva. Con el tiempo, el estrés se acumula, e incluso los factores menores del mismo que no han sido liberados o gestionados de la manera adecuada pueden afectar a los niños significativamente. Los que padecen niveles de estrés altos suelen tener dificultades para dormir, comer, prestar atención, pensar con claridad, resolver problemas, jugar con sus amigos o portarse bien en casa y en el colegio.

Gestión emocional

Supongamos que vamos a cenar a nuestro restaurante habitual y nos dicen que ya no sirven nuestro plato preferido. ¿Cómo reaccionaríamos? Imagino que nos sentiríamos decepcionados e incluso puede que le comentáramos al camarero cuánto nos gustaría que volvieran a incluir ese plato en la carta, pero, a continuación, pediríamos otro. Probablemente, no nos echaríamos al suelo gritando histéricos hasta que alguien nos ayudara a levantarnos y nos acompañara fuera. La razón de que no tendríamos una rabieta infantil es que hemos desarrollado la habilidad de controlar las emociones. Nos permitiríamos expresar cierto descontento por el cambio realizado en la carta y, de este modo, nos sentiríamos escuchados, pero también sabríamos que chillar en un restaurante no es un comportamiento socialmente aceptable, de modo que, por mucho que lo deseáramos, no lo haríamos.

El control emocional, o capacidad de no reaccionar inmediatamente a todas las emociones que experimentamos, constituye uno de los mayores retos a que se enfrentan muchos niños. Cuando no disponen de esta clase de control, suelen gritar, pegar, morder, lanzar cosas o adoptar otros comportamientos conflictivos. Y quizá les cueste tranquilizarse. Como las reacciones ante el estrés, la capacidad de reconocer y manejar las emociones variará mucho de un niño a otro. Todos conocemos niños que poseen una buena capacidad para tranquilizarse y permanecer calmados, mientras que otros no. Los niños a los que les cuesta manejar las emociones difíciles o incómodas pueden tener problemas académicos y sociales. Si no saben sobrellevar el aburrimiento de un examen de matemáticas, es poco probable que lo terminen. Si tienen una rabieta o una pelea en el patio o en el campo de deportes, es poco probable que hagan amigos o los conserven.

Tener cierta dificultad para manejar emociones intensas forma parte del desarrollo normal de los niños. De hecho, nadie espera que un niño aguarde pacientemente la próxima comida cuando tiene hambre. Sin embargo, disponemos de formas de interactuar y responder a las reacciones de nuestros hijos que los ayudarán a evitar las crisis o, al menos, a tranquilizarse cuando las sufran. Hablaremos más acerca de esto, pero he aquí la versión abreviada: tranquilizaos, conectad con la experiencia de vuestro hijo y ayudadlo a identificar y reconocer lo que siente; a partir de ahí podréis ayudarlo a estar presente y centrado.

Dificultades de atención

Los informes del Centro de Control de Enfermedades norteamericano (2014) indican que cada año son más los niños a quienes se les diagnostica trastorno de déficit de atención e hiperactividad (TDAH). Todo el mundo parece tener una teoría diferente para explicar esta tendencia, desde que los médicos son cada vez mejores en la identificación de los síntomas hasta que la causa son las sustancias químicas presentes en el agua que bebemos. La verdad es que nadie sabe con certeza lo que ocurre, pero lo que sí sabemos es que nada, en nuestra vida diaria, favorece que los niños presten atención durante un período prolongado. A lo largo del día los apremiamos y los conducimos con rapidez de una actividad a otra. Los niños contemplan pantallas con imágenes de colores brillantes que cambian cada pocos segundos, o consultan distintas webs sin llegar a enterarse realmente de la información que contienen.

La sociedad actual no es el único obstáculo que dificulta la capacidad de nuestros hijos para mantener la atención centrada en una sola cosa, sino que esto último forma parte también de la naturaleza humana. Nuestra mente está hecha para pensar, formularse preguntas, preocuparse, cuestionar, recordar, especular y adivinar sobre prácticamente todo. Está diseñada para tantear constantemente el entorno. A veces, esto puede resultar útil, como cuando un jugador percibe un bache en la cancha y lo esquiva mientras corre para marcar un gol. A los niños puede resultarles útil la capacidad de desplazar rápidamente el foco de atención de una cosa a otra siempre que sean capaces de centrarla en una sola cuando quieran o lo necesiten. Los problemas surgen cuando son incapaces de elegir en qué centrar la atención y cualquier objeto brillante o pensamiento aleatorio los distrae.

Cuando esto sucede, les decimos: «¡Presta atención!» o «¡Céntrate!». Sin embargo, si nunca les hemos explicado con claridad lo que es centrarse y cómo conseguirlo y no les ofrecemos oportunidades para practicarlo, es poco probable que mejoren en esta habilidad. Enseñar a nuestros hijos a dirigir y mantener su atención de formas concretas e intencionadas les ayudará a manejar el estrés y las emociones difíciles: en esto consiste el mindfulness. El mindfulness, o capacidad de prestar atención a lo que está ocurriendo aquí y ahora sin juzgarlo ni desear que sea distinto, tiene su origen en la sabiduría ancestral y está respaldado por la ciencia moderna gracias, entre otras cosas, a las imágenes del cerebro que muestran cómo cambia en respuesta a la práctica del mindfulness.

Afortunadamente, podemos enseñar el mindfulness a nuestros hijos. Y no se trata solo de respirar conscientemente con ellos, sino de una forma de encarar nuestra vida, tanto los momentos agradables como los difíciles. Por tanto, existen muchas formas de compartir el mindfulness con nuestros hijos. Me centraré en tres métodos que exploraremos con mayor profundidad a lo largo del libro:

1. Ejemplificar el mindfulness para nuestros hijos. Como todos los padres saben, nuestros pequeños no siempre se muestran receptivos a nuestras instrucciones o sugerencias. En los momentos en que no demuestran interés, lo mejor es reaccionar con toda la presencia, aceptación y amabilidad que seamos capaces de reunir. Cada vez que consigamos reaccionar así estaremos ejemplificando para ellos una respuesta consciente a una situación difícil. Esta es una idea crucial a la que iré remitiéndome en estas páginas.

2. Compartir con ellos un libro, una actividad específica o una meditación guiada con el propósito de enseñarles el lenguaje, los conceptos y las prácticas del mindfulness. Si los dos estáis tranquilos y conectados, vuestro hijo aprenderá mucho de esos momentos. Podéis elegir, por ejemplo, leer juntos el libro ilustrado *Mindful Monkey, Happy Panda*, colorear mandalas, dar un paseo con atención plena y compartir luego la experiencia, o realizar un breve gesto de gratitud antes de las comidas.

3. Enseñarles las herramientas y habilidades para responder conscientemente y tranquilizarse cuando estén atravesando un momento difícil. Por ejemplo, realizar tres respiraciones conscientes, pasar un rato en el rincón de la calma, de lo que hablaremos en el capítulo 4, o «salir para entrar». Estas prácticas serán más útiles si las llevamos a cabo con nuestro hijo en lugar de, simplemente, decirle que las haga solo; al menos al principio.

Sentíos libres para experimentar una amplia gama de formas de enseñar el mindfulness a vuestro hijo. No tardaréis en descubrir cuál funciona mejor para vosotros y vuestra familia y, al cabo de poco tiempo, la práctica del mindfulness formará parte de vuestra vida en común de manera natural.

El poder de practicar el mindfulness en casa

Hay varios libros maravillosos sobre cómo enseñar el mindfulness a los niños y en la sección Recursos he reseñado muchos de ellos. En su mayor parte, las prácticas y actividades que sugieren los autores proceden de su experiencia al enseñar el mindfulness a niños en escuelas y hospitales. Si existe la posibilidad de que asistan a esas clases, las recomiendo encarecidamente. A mis hijas les encantó el curso de mindfulness para niños al que asistieron recientemente. Sin embargo, como os indicará cualquier padre o profesor, la experiencia de enseñar y aprender con vuestros hijos en casa es bastante diferente. Cuando los niños aprenden mindfulness en la escuela, suelen encontrarse en un lugar relativamente tranquilo. Los profesores han reservado un tiempo determinado para ese aprendizaje y han planificado con esmero actividades interesantes y divertidas. Además, es poco probable que los profesores se enzarcen en luchas de poder con los alumnos. También influye la presión de los compañeros. Es improbable que un niño grite «¡No quiero respirar!» y se marche hecho una furia en mitad de una actividad escolar.

Por nuestra parte, los padres tenemos la oportunidad de utilizar las técnicas del mindfulness cuando nuestros hijos pasan un momento difícil, están malhumorados, enfadados, frustrados o tristes. En esos casos, mostrarán menos interés por lo que les ofrezcamos porque quizá sientan que no reconocemos sus sentimientos o que pretendemos cambiarlos. Y a nadie le gusta sentirse así. Además, nuestros intentos de ayuda pueden verse obstaculizados por las dinámicas de poder, la rivalidad entre hermanos, nuestro propio cansancio o frustración o cualquier otra cosa que esté ocurriendo en ese momento. Todo esto implica que enseñar el mindfulness en casa a nuestros hijos es muy distinto de enseñarlo en el colegio a hijos ajenos. Esta es la razón de que este libro vaya dirigido específicamente a los padres y esté basado en las experiencias de aquellos que enseñan estas ideas y habilidades a sus hijos. He entrevistado a casi treinta padres y madres acerca de qué entienden ellos por mindfulness, cómo lo llevan a la práctica, cómo lo comparten con sus hijos y, aún más importante, qué les ha funcionado y qué no.

Nosotros, los padres, estamos en una posición única para introducir a nuestros hijos en el mindfulness de maneras que no son viables en las escuelas. Estamos con nuestros hijos en sus momentos mejores y peores, que es, precisamente, cuando las experiencias y transformaciones más poderosas pueden tener lugar. Además, nuestros hijos quieren aprender de nosotros, sobre todo a través de la observación y la imitación, lo que nos permite enseñarles de formas realmente significativas y duraderas. Me refiero a las pequeñas y frecuentes respuestas e interacciones que caracterizan el día a día de los niños. Gracias a la experiencia adquirida con nosotros, la habilidad de enfocarse, concentrarse y tranquilizarse en las situaciones difíciles puede convertirse, con el tiempo, en algo natural.

El mindfulness es efectivo, y no querría que os desanimarais si las prácticas no parecen surtir un efecto inmediato o si vuestro hijo no parece interesado en la actividad que le proponéis. En primer lugar, no podéis valorar el éxito de la técnica según funcione o no un ejercicio aislado; resulta más útil observar cómo evoluciona el niño globalmente. Además, a diferencia de otras prácticas que utilizamos con nuestros hijos, el mindfulness no es algo que podamos traspasarles cuando necesitemos que adopten una actitud mejor. Como veremos más adelante, el mindfulness no consiste en ayudar a nuestros hijos a ser y mantenerse más felices, sino en aceptar lo que esté ocurriendo, sea lo que sea. A veces, esto significa saborear un momento bonito más intensamente, pero también puede significar sumergirnos en una tormenta emocional hasta que remita. Tranquilizarnos y sentirnos mejor son dos efectos secundarios comunes y maravillosos de estar con nuestros hijos sin ponernos histéricos porque ellos sí lo hagan. No obstante, si empezamos queriendo que las cosas sean diferentes o cambiar a nuestros hijos, no habremos captado el sentido del mindfulness.

Por último, como sabe cualquier padre que haya intentado enseñar a su hijo a dormirse o a no necesitar los pañales, a veces se tiene suerte a la primera, pero a menudo uno tiene que probar métodos, estilos y herramientas diferentes antes de dar en el clavo. Lo mismo puede decirse del mindfulness. Lo más importante es que empecemos prestando atención a nuestros hijos: quiénes son, qué les interesa, qué les ha funcionado antes y cómo podemos potenciar sus puntos fuertes. Por ejemplo, mi hija mayor es extremadamente sensible a los olores y sabores, así que un ejercicio que implique oler distintos aromas e intentar adivinar a qué corresponde cada uno probablemente no sea una buena forma de empezar con ella. En cambio, le encantan las muñecas, así que enseñarle a respirar tumbada y con una muñeca sobre el vientre mientras mira cómo sube y baja y la acuna con la respiración es una práctica más adecuada en su caso. Insisto en que uno nunca sabe lo que va a funcionar y cuándo. Como afirmó una de las madres a las que entrevisté, «lo importante es creer en el proceso». O, como explica el maestro zen Thich Nhat Nanh (2011), «estamos plantando las semillas del mindfulness». Cuantas más semillas plantemos, más probable será que una, o muchas, echen raíces y germinen. Consideremos el caso de la madre que me explicó que su hijo no parecía interesado en los vídeos de yoga cuyo contenido intentó poner en práctica con él. Días después, sin embargo, lo sorprendió viendo a escondidas el DVD.

Otras cuestiones a tener en cuenta

Aquella mañana, en la cocina, yo podría haber respondido a mi hija de muchas maneras en lugar de gritarle: podría haberla conducido al rincón de pensar, haberle dado lo que quería o haberle recordado que, si podía pasar la mañana sin una rabieta, conseguiría un punto en su tabla de progresos. En el pasado había puesto en práctica estas técnicas, pero con un éxito limitado o nulo. Sin embargo, aquella mañana me acordé del mindfulness, que constituye un enfoque muy diferente para afrontar los retos de nuestros hijos. He mencionado este hecho porque ilustra varios aspectos importantes que exploraremos a lo largo del libro.

En primer lugar, el mindfulness consiste en una forma concreta de experimentar y manejar las emociones difíciles, incluidas la tristeza, el enfado, el estrés, la frustración y el aburrimiento. No se trata de cambiar a nuestros hijos, controlarlos o hacer que sus problemas desaparezcan. La práctica del mindfulness, repito, consiste en aprender a percibir y aceptar lo que está ocurriendo en ellos y en nosotros ahora mismo, en este momento, sin juzgarlo ni desear que sea distinto. Si logramos este objetivo, podremos decidir lúcida y conscientemente cómo actuar. Aquella mañana, cuando mi hija empezó a ponerse histérica, quise que cambiara en el acto de actitud y reaccioné gritándole. Cuando, finalmente, conseguí tranquilizarme y aceptar que ella necesitaba más atención de mi parte, pude decidir cómo reaccionar, y mi elección nos ayudó a sobreponernos y disfrutar de una mañana más agradable. Aunque no salí corriendo a comprarle sus cereales favoritos ni cancelé mi viaje de trabajo, las dos conseguimos adoptar una actitud mejor con bastante rapidez. Poner en práctica el mindfulness prestando atención y aceptando lo que está ocurriendo para luego elegir nuestra respuesta implica un enfoque diferente de las situaciones difíciles a que la mayoría de nosotros estamos acostumbrados.

Por favor, no os preocupéis si es la primera vez que leéis un libro sobre mindfulness y no tenéis ni idea de lo que hablo. Os lo explicaré todo: qué es, por qué funciona y, aún más importante, cómo ponerlo en práctica.

Debemos tener presente que enseñar mindfulness no es como enseñar a alguien a montar en bicicleta; no se produce un momento mágico en el que, de repente, todo cambia y nuestro aprendizaje ya ha concluido. Se trata de un proceso de experimentación y de plantar las semillas adecuadas, lo que nos exige compartir continuamente con nuestros hijos las ideas y prácticas de una vida consciente, en la confianza de que con el tiempo esas ideas enraizarán en ellos y crecerán.

Uno no puede hacer que otra persona sea plenamente consciente. El mindfulness, o atención plena, es un estado mental, y nuestros hijos solo podrán alcanzarlo por sí mismos. Cuando tomen conciencia de esto, se convertirá en una práctica muy valiosa para ellos. Curiosamente, es probable que realicéis algunas actividades con vuestro hijo y que, mientras tanto, su mente esté en otra parte, en cualquier lugar menos el aquí y ahora. No importa. No os rindáis y seguid ofreciéndole oportunidades para desarrollar su atención plena.

También es importante tener presente que el mindfulness y las actividades relacionadas nunca deben plantearse como un castigo. Como habréis podido comprobar en el relato que incluyo al principio del libro, insistir en que vuestro hijo medite o respire hondo varias veces cuando ha hecho algo mal es la forma más rápida de que haga todo lo contrario.

La práctica del mindfulness puede producir grandes resultados en un breve período de tiempo. En un mundo ideal, todos seríamos plenamente conscientes continuamente, pero la realidad es que la mayoría no criamos a nuestros hijos en un monasterio zen. El mindfulness es como los músculos: cuanto más los usemos, más vigorosos se harán. Mientras ayudamos a nuestros hijos a fortalecer esos músculos, respirar conscientemente les ayudará a tranquilizarse, averiguar qué está pasando, qué necesitan y decidir qué hacer a continuación. La mayoría de los ejercicios y actividades que se proponen en este libro pueden realizarse en pocos minutos. Lo realmente importante es ser lo más constantes posible. Vuestra práctica será más efectiva si dedicáis tiempo todos los días a realizar uno o dos ejercicios breves, cinco o diez minutos diarios, que si realizáis una actividad larga una vez a la semana.

Cada vez que vuestro hijo está concentrado e inmerso en una única actividad, ya sea pintar, jugar al fútbol, construir un castillo o jugar al aire libre, está poniendo en práctica la atención plena. Hablaré más extensamente sobre esto en el capítulo 3, pero lo que quiero destacar ahora es que el mindfulness no consiste en obligar al niño a adoptar una postura de piernas cruzadas sobre un cojín de meditación. Vuestro hijo ya sabe hacerlo, solo necesita ayuda para entender por qué esos momentos son importantes y cómo puede ponerlos en práctica de una forma sistemática e intencionada.

Una advertencia importante: estar frente a una pantalla no se considera atención plena. Aunque parezca que nuestros hijos están tranquilos y centrados mientras ven la televisión o juegan con el iPad, estas no son prácticas de mindfulness y no les ayudan a aprender a dirigir y mantener la atención intencionadamente. Cuando contemplan una pantalla, en general no son conscientes de lo que están haciendo, pensando o sintiendo, y no se dan cuenta ni sienten curiosidad por lo que están experimentando. Si alguna vez habéis pensado que, cuando ve un programa televisivo, vuestro hijo parece un niño zombi, no vais desencaminados. En esos momentos, la zona de su cerebro responsable del pensamiento y la intención prácticamente se desconecta y el niño responde de una forma mecánica a las imágenes que se suceden ante él. No digo que debáis prohibirle ver la televisión; esta decisión debe tomarla cada familia por sí misma. Solo digo que esos momentos no deben confundirse con una práctica de mindfulness.

Un último y crucial aspecto: para enseñar el mindfulness a vuestro hijo, debéis empezar por vosotros mismos. De hecho, solo con que lo practiquéis el niño se beneficiará enormemente de vuestra creciente atención y aceptación. Todos los padres que he entrevistado me indicaron que este era el consejo más importante que podían dar a otros padres. Resulta imposible conducir a nuestros hijos a un estado mental de atención plena si nosotros no lo tenemos o, al menos, no deseamos alcanzar ese estado con ellos. Como habréis podido comprobar en mi intento de ayudar a mi hija a tranquilizarse, uno no tiene que hacerlo de una forma perfecta, pero sí es necesario que lo practique personalmente y también con el hijo. No siempre será fácil, pero, como veréis, sin duda, vale la pena.

Cómo utilizar este libro

El libro se divide en dos partes. En la primera aprenderéis más acerca del mindfulness, cómo funciona y por qué; explicaremos por qué es tan importante que lo practiquéis solos y con vuestro hijo, y también cómo compartir vuestra práctica con él mediante varias formas sencillas.

En la segunda parte analizaremos diversas formas de integrar el mindfulness en la vida familiar. En el capítulo 3 aprenderéis a identificar los momentos en que vosotros y vuestro hijo ya estáis presentes y plenamente atentos a lo que está ocurriendo en vuestro interior y a vuestro alrededor, así como a desarrollar la práctica a partir de esas experiencias. Esto sentará las bases para los capítulos siguientes, que tratan sobre cómo hablar del mindfulness a vuestro hijo y cómo elegir las actividades y herramientas más adecuadas, porque vuestros intentos de enseñar el mindfulness serán más relevantes y efectivos si construís a partir de las fortalezas e intereses que ya tiene vuestra familia. Esto puede implicar que paséis más tiempo en la naturaleza, escuchando música, jugando, cocinando juntos o practicando vuestros rituales religiosos o espirituales. De hecho, uno puede hacer cualquier cosa con atención plena siempre que, valga la redundancia, ponga su atención en ello. He incluido más de cien actividades, juegos y herramientas, y la mayoría se basa en entrevistas a padres que los utilizan. Cada familia tiene estilos y preferencias distintos, por lo que es fundamental que encontréis algo que tenga sentido para vosotros y vuestro hijo, de modo que sentíos libres para modificar cualquier propuesta del libro o crear prácticas nuevas. Todo empieza por prestar atención y permanecer abierto. Cuando lo hayáis conseguido, las ideas creativas aparecerán, os lo aseguro.

He incluido prácticas en todos los capítulos para que vayáis experimentando desde el principio. Casi todas las actividades podréis realizarlas con vuestro hijo y, una vez más, recomiendo encarecidamente que las realicéis juntos. Puede que él prefiera hacer algunas solo, pero seguramente se mostrará más receptivo a lo que le ofrezcáis si dedicáis tiempo a hacerlo con él. A continuación explico algunos trucos adicionales para sacar el mayor partido de este libro.

Conseguid la ayuda de vuestro hijo

Siempre que sea posible, conseguidla. Si lográis que el niño se implique en la creación, elección y puesta en práctica de los ejercicios, asumirá más protagonismo en la experiencia y es posible que aporte ideas creativas que a vosotros nunca se os hubiesen ocurrido. Una madre me contó que su hijo comía tan rápido que afectaba a su propia costumbre de comer despacio y conscientemente disfrutando de la comida. Le pidió a su hijo alguna sugerencia sobre cómo cambiar esa dinámica y él le propuso que activara la alarma del móvil para realizar una meditación silenciosa de dos minutos antes de cada comida. Aunque el hijo sabía que su madre meditaba, ella nunca le había enseñado a hacerlo, pero, aun así, él tuvo esa idea. Ahora toda la familia permanece junta y en silencio durante dos minutos antes de cenar y, aunque los niños no necesariamente meditan durante ese tiempo, las comidas suelen ser más tranquilas y todos comen más despacio.

Fijaos en cómo os sentís mientras leéis

Mientras leéis acerca de las actividades y ejercicios propuestos en el libro, prestad atención a cómo os sentís. Si percibís que algo despierta vuestro interés u os sugiere alguna idea, anotadlo en el libro y probadlo. Si algo os produce rechazo, os parece artificioso o simplemente raro, puede que no sea el ejercicio adecuado para vosotros y vuestra familia. Una de las razones por las que entrevisté a tantos padres es porque todas las familias son diferentes y que lo que funciona para mí, mi marido y mis hijas puede que no funcione para otros y a la inversa. El libro contiene múltiples opciones entre las que podéis elegir.

Cuando hayáis adoptado el hábito de integrar momentos de atención plena en vuestra vida diaria, veréis que se os ocurren nuevas formas de ayudar a vuestro hijo a conseguir y mantener un estado centrado, presente y tranquilo.

Si es posible, implicad a vuestra pareja

Si vuestra pareja decide colaborar con vosotros en la incorporación del mindfulness a la vida familiar será fantástico. En ese caso, os animo a que leáis el libro y comentéis la forma de poner en práctica algunas de las ideas y actividades que sugiero. Pero si vuestra pareja no se interesa en el proyecto, no pasa nada. El mindfulness está relacionado con la intención y atención que ponemos en lo que estamos haciendo, sea lo que sea, y, por tanto, es adecuado para cualquier estilo de paternidad. Esto significa que no tenéis que cambiar nada de lo que hacíais antes de empezar a leer este libro. Podéis seguir haciendo lo mismo pero aplicando un poco más de conciencia, atención y empatía. Vuestro hijo aprenderá que las personas tienen maneras diferentes de manejar las situaciones, y ese es un gran aprendizaje.

Elegid la herramienta adecuada para vuestro hijo

Este libro está dirigido a padres con hijos entre tres y diez años. De vez en cuando, sugiero la edad adecuada para una actividad, pero en general dejo esta decisión en manos del progenitor, por dos razones. La primera es que los niños se desarrollan a ritmos diferentes y tienen intereses muy variados. La segunda es que las personas de cualquier edad, cuando estamos estresadas, alteradas o simplemente necesitamos un descanso, podemos adoptar comportamientos de cuando éramos más jóvenes. A mis hijas y a mí nos gusta dibujar juntas. Cuando prestamos atención plena a lo que estamos haciendo y sentimos curiosidad por lo que estamos dibujando, los colores que utilizamos y las diferentes maneras de sujetar los rotuladores para realizar trazos finos o gruesos, dibujar se convierte en una práctica de mindfulness. Colorear puede considerarse una actividad solo apropiada para niños pequeños y mucha gente pensaría que no es algo que haría una persona de treinta y siete años. Sin embargo, después de pasar veinte minutos dibujando con mis hijas, me siento realmente más calmada y centrada.

La cuestión es que nunca se sabe qué va a funcionar para una edad en concreto. El estilo y preferencias de vuestro hijo son más importantes que la edad que tenga. Una vez dicho esto, en el momento de planificar las actividades o intervenciones, es conveniente tener en cuenta la fase de desarrollo en que se encuentra vuestro hijo. Pedirle a un niño de cinco años que permanezca sentado y en silencio mientras se concentra en su respiración durante diez minutos puede ser demasiado. En general, los niños pequeños suelen responder mejor a actividades específicas y estructuradas. Una meditación de escucha con un niño de diez años puede consistir en permanecer sentados y en actitud de escucha durante cinco o diez minutos, mientras que la misma actividad realizada con un niño de cinco años supondría establecer un tiempo límite de uno o dos minutos, pedirle que preste atención a dos sonidos y que luego os cuente su experiencia. Si el niño pierde rápidamente el interés en una actividad, posiblemente se deba a que es demasiado pequeño o mayor para ella.

También puede resultar tentador probar herramientas de mindfulness específicas cuando nuestros hijos están experimentando un momento difícil. A veces funciona, pero no siempre. Los niños no pueden aprender habilidades nuevas cuando están enfadados, asustados o se sienten heridos, aunque en esos momentos sí pueden utilizar habilidades que hayan practicado anteriormente. De la misma manera que no inscribiríais para un campeonato a un niño sin experiencia previa y esperaríais que marcara el gol del triunfo, tampoco se puede esperar que un niño que está llorando se ponga a respirar conscientemente o escuche una meditación guiada si no lo ha hecho antes. Muchas prácticas y actividades propuestas en este libro ayudarán a vuestro hijo a centrarse o calmarse cuando lo necesite, pero también se incluyen muchos ejercicios que podrá hacer cuando esté tranquilo. Este aspecto es crucial: si queréis que el niño tome conciencia y se centre cuando esté estresado, enfadado o triste, tenéis que practicar estas habilidades con él cuando esté contento, abierto y receptivo.

Progresar

No esperéis realizar todo esto vosotros solos. La mayoría de los adultos que convierten el mindfulness en una parte central de su vida cuenta con un grupo de apoyo que le ayuda a conseguirlo. Aunque las ideas sobre las que se asienta el mindfulness son sencillas, no siempre es fácil ponerlas en práctica. Los seres humanos, por naturaleza, somos olvidadizos, tendemos a preocuparnos, a soñar despiertos, y nos encanta hacer varias cosas a la vez. La tecnología, la preocupación por el futuro y los remordimientos por el pasado nos distraen y dificultan que permanezcamos centrados en el momento presente. En consecuencia, todos necesitamos ayuda para integrar esta práctica en nosotros mismos y en nuestros hijos. Quizás os gustaría formar parte de un grupo de mindfulness o meditación. Las clases de yoga y mindfulness para niños son cada vez más populares. Yo apunté a mis hijas, que tienen cinco años y medio y cuatro, a un curso de seis semanas en el que el profesor utilizaba música, danza, libros de colorear y meditaciones guiadas para ayudar a los pequeños a aumentar su conciencia corporal y entrar en contacto con su respiración.

No os sintáis frustrados o desanimados con vuestro hijo o con vosotros mismos si notáis que caéis en viejos hábitos, reaccionáis inconscientemente u os distraéis. Como la profesora de mindfulness Sharon Salzberg (2010) nos recuerda, siempre podemos volver a empezar. En el instante en que nos damos cuenta de que mentalmente estamos a años luz, podemos regresar al momento presente y tomar una decisión diferente. Aunque esto nos pase cien veces al día.

Por último y lo más importante: disfrutad del proceso. Como el célebre profesor de mindfulness norteamericano Jon Kabat-Zinn dice, el mindfulness es demasiado serio para tomárselo seriamente (Tippett, 2009). No os preocupéis demasiado por hacerlo bien y no permitáis que el mindfulness se convierta en una tarea más en vuestra lista de cosas pendientes. En lugar de eso, intentad encontrar formas de integrar el mindfulness de una forma orgánica en las actividades que ya realizáis y disfrutáis con vuestro hijo. Las prácticas del mindfulness pueden constituir una bonita forma de disfrutar de la paternidad y conectar con vuestro hijo mientras, juntos, aprendéis habilidades importantes que os ayudarán a reducir el nivel de estrés e incrementar vuestra felicidad.

PRIMERA PARTE

Adoptar una actitud mental consciente

1

Cómo puede el mindfulness ayudar a vuestro hijo

Hace unos años, el *New York Times* publicó un artículo sobre unos niños de quinto de primaria en Oakland, California, que recibían clases de mindfulness en el colegio. El artículo citaba a un estudiante llamado Tyran Williams, quien definió el mindfulness como «no darle a otro un puñetazo» (Brown, 2007). Estas palabras de Tyran han sido compartidas muchas veces por profesores y escritores de la comunidad del mindfulness por varias razones. Son sencillas, directas y prácticas y reflejan lo que la mayoría de los padres queremos para nuestros hijos: que adquieran la habilidad de detenerse y prestar atención a lo que están haciendo para darse cuenta de que están experimentando una emoción intensa y, a continuación, decidan de manera consciente e intencionada lo que quieren hacer. En el caso de Tyran, la práctica del mindfulness le ayudó a decidir no pegar a otro niño.

En este capítulo analizaremos lo que es el mindfulness, cómo puede ayudar a vuestro hijo a tomar buenas decisiones y por qué es tan efectivo. He incluido una serie de ejercicios que podéis realizar enseguida si así lo deseáis. Sin embargo, primero hablemos sobre qué es y qué no es exactamente el mindfulness. Corren por ahí muchas ideas falsas al respecto: que se trata de algo místico, espiritual o *New Age*, o que implica pasarse horas meditando para desarrollar la capacidad de vaciar la mente de todo pensamiento. Aunque puede que algunas personas lo enfoquen desde esas perspectivas, os aseguro que no tendréis que colgar cristales ni quemar incienso en casa (a menos que queráis hacerlo) y que, desde luego, no tendréis que vaciar la mente.

Quizás el mayor error en este sentido es considerar que la práctica del mindfulness tiene como objetivo ser feliz o estar sereno. Aunque la felicidad y la reducción del estrés son efectos secundarios comunes y muy agradables del hecho de estar en el momento presente sin desear que cambie, no son lo mismo que el mindfulness. Básicamente, este consiste en ser conscientes y aceptar lo que está ocurriendo en este momento, lo que a veces puede implicar experimentar emociones difíciles o dolorosas hasta que desaparezcan. Y lo hacen. Se trata de una práctica sumamente pragmática que nos enseña a vernos a nosotros mismos y a los demás con claridad para así poder tomar la decisión más adecuada posible en cualquier situación.

INTENTAD ESTO: Encontrar la respiración

En esencia, el mindfulness consiste en dejar descansar la mente y situarnos en el momento presente, en lo que está sucediendo realmente aquí y ahora. La forma más sencilla y accesible de conseguirlo es centrar la atención en la respiración. Cuando lo hacemos, dejamos de lado la ansiedad, los miedos, las fantasías o los deseos aunque solo sea por unos instantes. Simplemente, no es posible prestar atención a las dos cosas a la vez, y cuando nos distanciamos de nuestras emociones y pensamientos podemos percibir con cierta claridad lo que está ocurriendo realmente aquí y ahora. Así que, durante unos instantes, propongo que os fijéis dónde sentís vuestra respiración. Puede que sea en el extremo de la nariz, en las fosas nasales, en la expansión y contracción del pecho o en el movimiento del estómago. No tenéis que hacer nada especial, solo tomar conciencia de ello durante dos o tres respiraciones. Este es un importante primer paso de muchas prácticas de mindfulness.

Una definición formal del mindfulness

Entonces, ¿qué es el mindfulness? Existen muchas definiciones formales, algunas más espirituales, otras más terrenales y otras científicas, pero todas comparten ciertos aspectos: intención, atención, aceptación y amabilidad. Aunque se trata de palabras de gran envergadura para muchos niños, los conceptos que las respaldan son relativamente simples: elegir, darse cuenta, sentirse bien con lo que de verdad está sucediendo, sea lo que sea, y ser amable con uno mismo y los demás. La verdad es que la mayoría de los niños, aunque no se den cuenta, ponen en práctica estas cualidades con más frecuencia que los adultos. Y no hay ninguna razón por la que debamos enturbiar su experiencia con ideas complicadas. Lo único que tenemos que hacer es encontrar el lenguaje adecuado que les ayude a comprender lo que ya hacen, para que así puedan hacerlo más intencionadamente y explorar su experiencia.

Para mí, el mindfulness consiste en darse cuenta de lo que está ocurriendo aquí y ahora de una forma amable y con curiosidad, y luego decidir qué queremos hacer. He adaptado mi definición a partir de la de la doctora, profesora de mindfulness, madre y escritora Amy Saltzman (2014). Aunque parezca una definición relativamente sencilla, contiene una serie de conceptos importantes que merece la pena analizar.

Darse cuenta

Darse cuenta está relacionado con prestar atención, que es la práctica central del mindfulness. Cuando nos damos cuenta de algo somos conscientes de ello, y cuando somos conscientes podemos pensar con más claridad acerca de ello. Esta toma de conciencia nos proporciona el espacio y la libertad de decidir, de forma consciente, lo que queremos hacer a continuación. Se trata de una idea muy simple, pero conseguirlo es todo un reto. La mayoría de nosotros vivimos bastante distraídos. Hace poco, mi marido se fue al trabajo sin su cartera. Esta semana he ido tres veces al súper y las tres me he olvidado de comprar uvas, que era lo único que me habían pedido mis hijas. ¿Con qué frecuencia se ha olvidado vuestro hijo la libreta con los deberes o ha perdido el aparato de la ortodoncia? ¿Cuándo fue la última vez que atizó a otro niño porque no fue consciente de lo que estaba haciendo?

Hace unas semanas, estaba preparando el desayuno con mis hijas. La mayor estaba encima de un taburete frente a la cocina aprendiendo a voltear las creps. En ese momento, la pequeña entró saltando con una brillante comba de plástico. Su hermana bajó del taburete y se puso a perseguirla gritándole que la comba era suya. Cuando consiguió recuperarla, enseguida regresó para continuar ayudándome con las creps. Tenía tantas ganas de seguir cocinando que soltó la comba sin pensar dónde caería y esta aterrizó directamente sobre la llama. Cuando volteaba las creps, mi hija estaba realmente concentrada porque se trataba de un desafío nuevo que captaba toda su atención. Pero su hermana y la brillante comba la distrajeron con facilidad. A partir de ese momento, reaccionó a todo lo que ocurrió sin ser consciente de lo que estaba haciendo. Actuó irreflexivamente. Ni siquiera se dio cuenta de que la comba que tanto había deseado unos segundos antes caía sobre la llama. Afortunadamente, yo estaba atenta, de modo que apagué el fuego y aparté la comba antes de que empezara a fundirse o sucediera algo peor. En ese momento, la atención de mi hija reaccionó como es habitual, pues el pensamiento es atraído en cualquier momento por cualquier distracción: una comba, un recuerdo aleatorio, las ganas de ayudar en la cocina... en fin, cosas ajenas al momento presente del aquí y ahora.

Cuando prestamos atención a darnos cuenta de lo que estamos haciendo, es menos probable que cometamos errores, nos olvidemos de las cosas, las dejemos caer, malinterpretemos situaciones, hagamos suposiciones incorrectas o reaccionemos exageradamente ante situaciones que tal vez no sean tan malas como creíamos. Además, nos vemos y vemos a los demás con más claridad, hacemos valoraciones más acertadas de las situaciones y, en consecuencia, realizamos mejores elecciones y nos damos la oportunidad de responder hábilmente a circunstancias nuevas o que nos suponen un reto. El mindfulness nos ayuda a tener más control sobre nuestras acciones, algo que no es posible a menos que nos demos cuenta de lo que está ocurriendo.

Quizá muchos niños hagan asociaciones negativas con ideas como prestar atención y centrarse. Quizá sus padres o sus profesores les hayan dicho una y otra vez que lo hagan sin que ellos sepan realmente qué significan estos conceptos. Pero los niños son capaces de darse cuenta de lo que ocurre. Se dan cuenta de las mariposas que revolotean alrededor de las flores en primavera; se dan cuenta de que hay una excavadora en la esquina; se dan cuenta de quién es elegido el último en un equipo y de qué amigos les hacen sentirse incluidos o excluidos; se dan cuenta de las expresiones de enfado de sus padres antes de que nosotros seamos conscientes siquiera de lo que sentimos; se dan cuenta de que están preocupados o les duele el estómago. Los niños saben darse cuenta, pero a menudo se olvidan de hacerlo, sobre todo cuando están distraídos o se sienten abrumados, confusos, cansados, hambrientos o dominados por emociones intensas. Por esta razón, enseñar a nuestros hijos a prestar atención, a tomar conciencia, es un aspecto fundamental en casi todas las prácticas que sugiero en este libro.

INTENTAD ESTO: Paseos para tomar conciencia

Muchos padres con los que hablé me comentaron que daban paseos con sus hijos con el único fin de tomar conciencia de las cosas. Estos paseos no son como los que se realizan para ir al colegio, la biblioteca u otro lugar. En este caso, el objetivo no es llegar a un lugar concreto, ni siquiera a uno genérico, sino, simplemente, tomar conciencia de las cosas, de modo que si tardáis veinte minutos en recorrer media manzana, será estupendo. Aunque cualquier actividad constituye una oportunidad para practicar la toma de conciencia de las cosas, caminar al aire libre es especialmente adecuado ya que mover el cuerpo ayuda a enfocar la mente y, además, no nos distrae la tecnología, el desorden de la casa, las peleas por los juguetes o la ropa que hay que planchar. Los niños de más edad suelen disfrutar caminando en silencio o practicando una meditación de escucha u observación (véase cap. 6). Los niños más pequeños suelen necesitar más estructura; podéis sugerirles que tomen conciencia de tres cosas interesantes durante el paseo y después os contáis lo que habéis visto.

Aquí y ahora

La mayoría de los días, mi hija tiene algo que contarme cuando le doy el beso de buenas noches. No se trata de algo trascendental, pero sí importante para ella en ese momento. Lo bastante para que, si no me lo cuenta, le cueste dormirse. Puede tratarse de un sentimiento de tristeza porque me enfadé con ella en algún momento del día, la preocupación sobre si podrá terminar una tarea en la escuela al día siguiente, o un recuerdo de algo que ocurrió seis meses atrás. Raras veces se trata de lo que le está ocurriendo en ese preciso momento. No es ahí adonde suele dirigirse su mente.

Pero esto no solo le ocurre a mi hija, sino también a mí y a casi todo el mundo. Si le preguntamos a muchas personas qué están pensando en determinado momento, lo más probable es que sientan preocupación por algo que pueda o no suceder en el futuro, que estén estresadas o arrepentidas por algo que ya ha ocurrido, o que se sientan frustradas o molestas con una persona o situación que no pueden cambiar pero que, aun así, querrían controlar. Tener este tipo de pensamientos inútiles no significa que algo funcione mal en nosotros. Solo significa que somos humanos.

Hay muchas razones por las que nuestra mente tiende a centrarse en el pasado o en el futuro, y no en el aquí y ahora. En tiempos remotos, la capacidad de recordar que un tigre se había comido a un congénere y elaborar un plan para evitar futuros encuentros con ese animal constituía una cualidad decisiva para la supervivencia. Los hombres y mujeres cavernícolas que no eran capaces de tener en mente los peligros potenciales y hacer lo necesario para evitarlos, no duraban mucho. Lo mismo puede aplicarse a ciertas situaciones actuales: el recuerdo de la primera reacción alérgica a los cacahuetes de un hijo motiva que para su siguiente cumpleaños los padres prevean preparar un pastel sin frutos secos; la capacidad de un niño de recordar lo caliente que estaba el fuego cuando lo tocó la primera vez evita que vuelva a quemarse. El problema radica en que nuestros cerebros no saben cuándo poner freno a todos esos recuerdos y prevenciones y, así, acabamos dedicando demasiado espacio mental a analizar el pasado e intentar predecir el futuro de maneras no especialmente útiles. Además del problema obvio de no poder cambiar lo que ya ha ocurrido ni anticipar lo que ocurrirá, cada vez que nuestra mente divaga implica que no estamos prestando atención al momento presente. En ese caso, lo más probable es que reaccionemos a lo que está pasando por nuestra mente en lugar de responder a lo que está ocurriendo justo delante de nosotros. Entonces es cuando nos metemos en problemas.

He aquí un ejemplo típico de mi casa: ayer mis hijas se enzarzaron en una pelea por la corona de una Barbie. Me refiero a una pelea rabiosa, con gritos y manotazos; una pelea de código rojo. Al principio, las separé para que no se hicieran daño. Luego le di a cada una su peluche favorito para que lo abrazara, un sustento material que las ayuda a tranquilizarse. Permanecimos sentadas y en silencio un par de minutos y, cuando ya estaban lo bastante calmadas para hablar, me contaron lo que había pasado.

—¡Me ha robado la corona! ¡Siempre me quita mis cosas! ¡Ayer por la noche también me robó mi muñeca Dora!

—¡No es suya! ¡Es mía! ¡Necesito mi corona brillante de la Barbie para que pueda ir al baile!

Mientras escuchaba sus explicaciones, contemplé el despliegue de accesorios de las Barbies que yacían sobre la alfombra del salón. En medio de todos, vi dos coronas. Las dos brillantes, las dos color rosa.

Las niñas se habían olvidado de que tenían dos coronas. Se habían quedado tan atrapadas en las injusticias sufridas en el pasado, en el plan que habían elaborado para el siguiente juego y en la importancia de tener todo lo necesario, que no veían lo que tenían delante.

Esta es una escena muy común en mi casa y en muchas otras, y cuando nuestros hijos se sienten víctimas de una injusticia, no siempre hay una segunda corona brillante de Barbie. De hecho, lo mejor que podemos hacer para responder hábilmente a las situaciones que nos suponen un reto es intentar soltar el pasado y el futuro y permanecer lo más centrados posible en lo que está sucediendo aquí y ahora.

INTENTAD ESTO: Parar, soltar y respirar

Esta es una forma rápida, fácil y divertida de interrumpir una situación difícil o molesta y regresar al momento presente. Siempre que vosotros o vuestro hijo perdáis el control, estéis absortos en vuestros pensamientos u os sintáis abrumados por las emociones, recordad parar, soltar lo que estéis haciendo y respirar profunda y conscientemente. En casa soy famosa por, literalmente, dejarme caer al suelo, un acto que nunca falla para interrumpir un momento difícil y hacer que mis hijas se echen a reír sin importar lo malhumoradas que estemos.

Ser amistoso y curioso

La tercera parte de la definición de mindfulness está relacionada con adoptar una actitud amistosa y curiosa ante lo que aparece en nuestro camino. Pondré un ejemplo.

El otro día, mis hijas y yo estábamos haciendo recados cuando vimos a un niño con una fea y oscura marca de nacimiento en la cara. De inmediato empecé a preocuparme por él. «¡Oh, pobrecito! —pensé—. Seguro que tendrá una vida difícil. Espero que los otros niños no sean desagradables con él. ¡Fueron tan malos conmigo cuando tenía acné en la adolescencia!» Mientras tanto, mis hijas lo miraban fijamente. Intenté distraerlas porque no quería que el niño se diera cuenta. Entonces, mi hija mayor me tiró de la manga. «Mamá, ese niño me parece muy interesante. Parece diferente. ¿Qué tiene en la cara? Me encanta su mancha.»

Las palabras de mi hija me hicieron detenerme en seco y me apartaron de mis pensamientos. Me había preocupado que lo miraran fijamente porque había supuesto que lo estaban juzgando y temía que dijeran algo desagradable u ofensivo. Sin duda, no es agradable que a uno lo miren fijamente, y he enseñado a mis hijas a no hacerlo. Sin embargo, en aquel caso mi hija sentía curiosidad. Sus palabras no fueron hirientes en absoluto. De hecho, fueron muy bonitas. Mi hija, simplemente, había visto algo diferente y quería saber más sobre ello. Algunas personas del entorno del mindfulness se refieren a esta actitud como «mente del principiante», que es cuando somos capaces de encarar una situación sin los prejuicios, supuestos e ideas preconcebidas que la mayoría tenemos respecto a casi todo. Por mi parte, adopté la actitud opuesta a la mente del principiante. Supuse que aquel niño, debido a su marca de nacimiento, tendría una vida penosa. Nunca llegamos a hablar con él, pero os aseguro que la mente abierta de mi hija habría propiciado una conversación mucho más amable, interesante e inspiradora que mis pensamientos de preocupación basados en presunciones.

La verdad es que casi siempre y ante cualquier situación, la juzgamos; decidimos que es magnífica u horrible, o quizás algo intermedio: está bien, es suficiente, es un poco molesta o carece de interés. Aparentemente, estos juicios no son tan malos y, de hecho, a veces resultan bastante útiles, como cuando juzgamos que una situación no es segura para nuestros hijos o nosotros mismos y decidimos apartarnos. Sin embargo, la mayoría de las veces, cuando juzgamos lo que está pasando, enseguida introducimos, entre nosotros y lo que está ocurriendo, un muro de pensamientos, miedos, preocupaciones y comparaciones. Nos cerramos a aprender más sobre la experiencia y enviamos un mensaje a los demás y a nosotros mismos en el sentido de que lo que está ocurriendo no está bien.

El otro día, el hijo de una amiga mía, un chico muy listo y capaz que cursa cuarto de primaria, declaró que le va fatal en matemáticas. Independientemente de si las matemáticas son la asignatura que se le da peor, cada vez que se dice a sí mismo o a otra persona que es malo en esa asignatura, está reforzando esa creencia, lo que, sin duda, influirá en su capacidad de salir airoso en las pruebas de matemáticas. ¿Qué ocurriría si tomara conciencia de esos pensamientos, los olvidara y decidiera no preocuparse sobre si es bueno o no en esa asignatura y, en cambio, sintiera curiosidad por el problema de matemáticas que tuviera delante en ese momento? Puede que, de todas maneras, no sacara buenas notas en matemáticas, pero, en cualquier caso, su experiencia de esa asignatura y de sí mismo sería más objetiva y, probablemente, más agradable.

El concepto de la curiosidad amistosa o amable es fundamental en el mindfulness ya que con frecuencia formulamos preguntas de una forma enjuiciadora o negativa. Me refiero a la diferencia entre preguntar «¿Qué narices te pasa?» y «¿Qué te está pasando? ¿Cómo puedo entenderlo mejor? ¿Qué puedo hacer para ayudarte?». Si nuestra perspectiva está enturbiada por la preocupación, el enfado o la frustración, de nada valdrá cuánta atención prestemos o cuán interesados estemos en lo que ocurre. El mindfulness está íntimamente relacionado con la atención amable, y la verdad es que hay pocas situaciones en la vida a las que no podamos responder de una forma amable y empática. Sea lo que sea lo que esté ocurriendo, podemos darle la bienvenida, aceptarlo e intentar entenderlo mejor. Si logramos tener esta actitud, veremos la situación y nuestro papel en ella con más claridad y tomaremos mejores decisiones.

INTENTAD ESTO: Ser un científico

Ser un científico consiste en formular preguntas con el propósito de lograr una comprensión clara y exacta de una situación o un fenómeno, no en intentar forzar un resultado concreto. Una forma de ayudar a nuestros hijos a ser curiosos es animarlos a adoptar un enfoque científico respecto a lo que les preocupa. Hace poco, estábamos de vacaciones con otra familia y a su hijo le costaba dormirse en la nueva casa porque las paredes crujían. A este niño le interesa especialmente la ciencia, así que lo animé a actuar como un científico y contar los crujidos para averiguar cuántos oía. Eso le sirvió para cambiar el foco de su atención de la ansiedad al interés y pronto logró relajarse y dormirse. La próxima vez que vosotros o vuestro hijo veáis, oigáis o percibáis algo que os moleste, intentad sentir curiosidad por ello en lugar de incomodidad. Pronto descubriréis que uno no puede sentir a la vez curiosidad e incomodidad, o cualquier otra emoción perturbadora. Las emociones perturbadoras desaparecerán más rápidamente y obtendréis información útil sobre cómo proceder.

Decidir qué hacer a continuación

Este es el caldero de las monedas de oro al final del arcoíris del mindfulness, lo que todos los padres que leáis este libro estáis buscando: cómo enseñar a vuestros hijos a tomar decisiones conscientes y reflexivas en lugar de ponerse histéricos como el demonio de Tasmania cada vez que hay espinacas para cenar. Como es sabido, tomar buenas decisiones puede constituir todo un reto para nuestros hijos, sobre todo cuando están cansados, hambrientos, estresados o agobiados. Afortunadamente, podemos ayudarlos a conseguirlo, y no solo por medio de amenazas o la fuerza de voluntad. Ambas tácticas pueden parecer efectivas en el momento, pero seguramente a la larga se volverán contra nosotros.

Muchas situaciones que constituyen un reto para nuestros hijos se producen cuando las cosas no salen como ellos querrían: no pueden tener el juguete que desean, rechazan al nuevo hermanito, deben hacer los deberes o recoger la mesa cuando preferirían jugar a un videojuego, o sus padres se están divorciando. La lista es interminable. La reacción humana natural frente a una situación desagradable es luchar contra ella: quizá quitarle el juguete a un amigo, intentar convencer a mamá y a papá de que devuelvan el bebé al hospital, dejar los deberes para más tarde o enfurecerse con los padres. Estas reacciones instintivas pueden conducir a problemas mayores: ultimátums, castigos, peleas violentas con los hermanos, padres enfadados, relaciones tensas, problemas para conciliar el sueño, dificultades académicas, etc. Aunque estas reacciones raramente solucionan el problema, esto no impide que nuestros hijos sigan actuando así, porque intentar que las emociones desagradables desaparezcan forma parte de la naturaleza humana.

Cuando ayudamos a nuestros hijos a adoptar una actitud consciente hacia la vida y los animamos a que tomen conciencia de lo que está sucediendo de una forma amistosa y curiosa, aprenden a aceptar las situaciones difíciles. Esta aceptación no solo es menos dolorosa que luchar contra la realidad, sino también más efectiva. Por supuesto, no me refiero a una aceptación pasiva e invalidante, sino a reconocer lo que está ocurriendo y, de esta forma, liberar todo el espacio mental que dedicábamos a negar, rechazar o intentar cambiar la realidad. Cuando lo conseguimos, disponemos de más energía mental y emocional y podemos dedicarla a decidir qué hacer a continuación; abandonamos el pasado para sumirnos en el presente, que es el único lugar donde realmente podemos introducir cambios.

Las peleas a la hora de hacer los deberes constituyen un buen ejemplo. La mayoría de los niños no quiere hacer los deberes. Han pasado muchas horas sentados en una silla intentando prestar atención a algo que quizá no les interesa, y cuando llegan a casa se espera que hagan lo mismo. Tal vez están cansados, hambrientos, aburridos por las materias de aprendizaje, estresados por la extensión o dificultad de los deberes, o confusos porque no saben por dónde empezar. Nosotros, los padres, seguramente también estamos cansados y estresados después de una larga jornada de trabajo fuera o dentro de casa; preocupados por los resultados académicos de nuestros hijos; aburridos y frustrados por las recurrentes peleas y negociaciones para que hagan los deberes, y presionados en diez direcciones distintas mientras intentamos preparar la cena, reñir al resto de nuestros hijos y lograr que el problemático se concentre en la ortografía. Supongo que ya sabéis cómo acaba esta escena: el progenitor le insiste al hijo, este se emperra, el progenitor insiste más, quizás incluso le grita o le amenaza, el hijo se enfada o entristece y, al final, todo explota. Los deberes no se hacen y el nivel de tensión y frustración en casa se dispara, lo que no hace más que reforzar el rechazo que todos sienten hacia los deberes y garantizar que el día siguiente también será horrible.

Ahora veremos qué ocurre cuando tanto los padres como los hijos adoptan una actitud consciente respecto a la debacle de los deberes. Le decís a vuestro hijo que haga los deberes. Quizá se ponga a hacerlos o quizá no. En cualquier caso, en algún momento del proceso veis que ha perdido interés por los ejercicios de ortografía. Empezáis a poneros de mal humor. Entonces inhaláis hondo, os detenéis un instante para valorar la situación y reparáis en que, en realidad, aparte de su falta de interés por finalizar los deberes, no sabéis qué le pasa a vuestro hijo. Una vez más, podéis luchar contra la situación, quizá con regañinas o amenazas, o aceptarla. Una vez la hayáis aceptado, podréis contemplarla con curiosidad: «Vemos que no quieres hacer los deberes de ortografía. ¿Qué te pasa? ¿Qué necesitas para hacerlos?» Al formular estas preguntas, le enseñáis a sentir curiosidad por su experiencia en lugar de reaccionar antes de saber qué está pasando en realidad.

Podéis obtener diversas respuestas: quizás ha tenido un mal día en el colegio, quizás está hambriento o cansado, quizá no acaba de entender la tarea o quizá, simple y llanamente, aborrece la ortografía. Cuando le formuláis esas preguntas, estáis ayudándolo a entender a qué se enfrenta en ese momento. A partir de ahí, podéis decidir, juntos, cómo actuar. Quizá solo necesita merendar o una tarde libre de ortografía, un enfoque distinto de los deberes o un poco de ayuda. La cuestión es que vosotros no habéis perdido la calma ni habéis peleado con vuestro hijo. Habéis personificado una respuesta consciente para él y, a lo mejor, habéis resuelto el problema. El truco consiste en darse cuenta de lo que está ocurriendo realmente, aceptarlo y explorarlo con curiosidad. Esa actitud mental crea el espacio necesario para que ambas partes tomen una decisión diferente y mejor sobre qué hacer a continuación.

Es importante saber que las conversaciones y la lógica suelen funcionar con niños mayores, pero no tanto con los pequeños. En esos casos, vuestra labor consistirá en permanecer calmados y hacer lo posible por adivinar lo que el niño necesita. No resulta fácil y no siempre acertaréis, pero no pasa nada. Se trata de una práctica continuada, siempre podéis volver a utilizarla y tanto vosotros como vuestro hijo iréis mejorando.

Un aspecto destacable en el ejemplo de los deberes es que todo empezó cuando vosotros, los progenitores, adoptasteis una actitud de toma de conciencia. Este aspecto es crucial y lo analizaremos más a fondo en el capítulo siguiente. No podemos enseñar a nuestros hijos a practicar el mindfulness a menos que lo practiquemos nosotros personalmente o, al menos, con ellos. Recordarle a vuestro hijo que respire hondo no resultará muy efectivo si se lo decís gritando mientras sacáis la cena del horno y, al mismo tiempo, estáis manteniendo una conversación telefónica de trabajo. En ese caso, aunque utilizarais las palabras correctas según la teoría del mindfulness, faltaría la intención y seguiríais luchando contra la realidad.

INTENTAD ESTO: Paros

Cuando estáis atrapados en un hábito reactivo, puede resultar difícil saber cómo volver al momento presente y, a partir de ahí, seguir adelante. Cuando me siento perdida o insegura, mi práctica favorita es realizar PAROS, que son las iniciales de PArar, Respirar, Observar y Seguir. Comprobad si funciona para vosotros: parad lo que estéis haciendo, respirad hondo, dedicad unos instantes a observar lo que está pasando en vuestro interior y a vuestro alrededor y después seguid a partir de esa conciencia calmada. Probadlo varias veces y averiguad si funciona para vosotros antes de probarlo con vuestro hijo. Si creéis que funciona, podéis pintar con vuestro hijo unos cuantos letreros con la palabra PAROS y colgarlos en distintos lugares de la casa.

Los beneficios del mindfulness

Espero que ya tengáis una idea razonablemente clara de los aspectos fundamentales del mindfulness —percibir el aquí y ahora de una forma amistosa y curiosa para poder decidir qué hacer a continuación— y una buena comprensión de cómo funciona. La mejor manera de entender de verdad el mindfulness es practicarlo y, después, tomar conciencia de cómo ha cambiado la forma en que vosotros y vuestro hijo pensáis, os sentís y respondéis ante situaciones difíciles. Quizá también os hayáis dado cuenta de que el mindfulness no es una solución rápida; no se trata de una tabla de progresos que motivará a vuestro hijo a mejorar su comportamiento con la promesa de un juguete nuevo, ni de una amenaza que hará que sea más obediente. Se trata de una práctica continuada de plantar semillas que, a la larga, brotarán, crecerán y le resultarán sumamente útiles. Y no tendréis que esperar mucho. Los padres que he entrevistado me describieron una serie de cambios beneficiosos en sus hijos que atribuían a la práctica continuada del mindfulness. He aquí algunos:

- Mayor conciencia de sus cuerpos, pensamientos y emociones y un vocabulario más amplio para describir lo que piensan, sienten y experimentan.

- Mayor capacidad de resistencia, incluida la capacidad de relajarse, calmarse más rápidamente y controlar las emociones.

- Mayor percepción de los pensamientos y emociones de los demás y más empatía.

- Mayor concentración y capacidad para centrarse.

- Mayor facilidad para conciliar el sueño.

- Mayor confianza en ellos mismos, sus ideas y preferencias.

- Menor ansiedad y depresión.

- Mayor capacidad de estar totalmente presentes con ellos mismos y los demás, lo que conduce a una mejora en las habilidades sociales y unas relaciones más sólidas.

En general, esos padres me informaron de que se sentían más conectados con sus hijos y que estos estaban más tranquilos y se sentían más felices como consecuencia de haber aprendido a parar durante unos instantes, respirar hondo y darse cuenta de lo que necesitaban realmente.

INTENTAD ESTO: Plantar un jardín

Plantad un jardín juntos o, al menos, una flor. La metáfora de plantar semillas y esperar pacientemente a que crezcan es una forma útil de pensar en la labor que estáis haciendo cuando enseñáis el mindfulness a vuestro hijo. No podéis esperar una respuesta inmediata, aunque a veces sucede así, y tenéis que confiar en que, con el tiempo, las ideas que compartís con vuestro hijo echarán raíces y crecerán. Dedicar tiempo a plantar realmente unas semillas con vuestro hijo es una forma maravillosa de representar muchos de los conceptos asociados al mindfulness:

- **Amabilidad.** Se trata de un aspecto fundamental en la práctica del mindfulness y es inherente al cuidado de otro ser vivo, incluidas las flores y demás plantas.

- **Curiosidad.** Preguntas como qué necesitan las plantas, si crecerán o no y cómo cuidarlas de la mejor manera ayudarán a reforzar la actitud de curiosidad que es tan relevante en el mindfulness.

- **Saber que todo cambia.** Observar el ciclo de la vida de las plantas refuerza esta idea básica. Es un hecho que todo cambia y nada dura para siempre. Recordar que cualquier situación, sea la que sea, también pasará es una forma útil de manejar situaciones y emociones difíciles y de apreciar plenamente los momentos buenos.

Plantar un jardín nos ofrece la oportunidad de ir más despacio y utilizar nuestros sentidos para tocar la tierra, observar el crecimiento de las plantas, oler las flores y saborear los vegetales. El ritmo lento del cuidado de las plantas puede contrarrestar la aceleración de la vida diaria, y pasar tiempo al aire libre puede permitirnos un descanso del embrollo que, con frecuencia, ocupa demasiado espacio en nuestras casas y cerebros.

═══

Los padres que entrevisté no son los únicos que han percibido los beneficios que han obtenido sus hijos. Se han realizado cientos de estudios sobre el efecto que ejerce el mindfulness en grupos de niños de distintas edades, desde preescolar a la adolescencia. Por ejemplo, los investigadores descubrieron que los niños que aprendían habilidades básicas de mindfulness, como la respiración consciente, diversas clases de meditación y yoga, mejoraron significativamente en estas áreas:

- Autodominio y capacidad para controlar su comportamiento (Razza, Bergen-Cico y Raymond, 2015).

- Resolución de problemas (Flook *et al.*, 2010).

- Toma de conciencia de sus procesos mentales (Flook *et al.*, 2010).

- Atención (Black y Fernando, 2014).

- Respeto hacia los demás (ídem).

- Autoestima (Tan y Martin, 2015).

- Sueño (Bei *et al.*, 2013).

Por último, los niños que aprendieron mindfulness mostraron síntomas decrecientes de ansiedad y depresión y también menos pensamientos repetitivos de preocupación (Ames *et al.*, 2014; Kuyken *et al.*, 2013; Mendelson *et al.*, 2010).

Quizás os preguntéis cómo una práctica tan simple puede aportar una gama tan amplia de beneficios para vuestro hijo. ¿Aprender a centrar nuestra atención de una forma amable y curiosa puede realmente producir cambios tan significativos? Sí que puede, y he aquí cómo.

Cómo funciona realmente el mindfulness

Hay varias maneras de comprender cómo y por qué funciona, y la mayoría están relacionadas con la diferencia que hay entre darnos cuenta y elegir nuestra experiencia y perdernos en ella. A continuación describo unas cuantas.

Aprender a prestar atención a una sola cosa

En el nivel más básico, la práctica del mindfulness nos invita a centrar la atención en lo que estamos haciendo y darnos cuenta de cuándo nuestra mente se distrae, para así poder reconducirla al presente. Se trata de una propuesta radicalmente distinta de la exaltación que la sociedad moderna hace de la «multitarea», un hábito que nuestros hijos parecen adoptar con rapidez, sobre todo en lo relativo a la tecnología. Algunos niños siempre tienen la luminosa pantalla de fondo. Otros pueden estar comiendo o hablando mientras realizan otra actividad. Pero tanto si tienen el televisor encendido, están comiendo galletas o contando con pelos y señales el último episodio que han vivido en el patio del colegio, lo cierto es que no están prestando una atención plena a la otra actividad que están haciendo al mismo tiempo. La mayoría de los niños se adapta con bastante facilidad a la multitarea, tanto si lo hacen conscientemente como si no, porque les ayuda a distraerse del aburrimiento o la dificultad que les supone la otra actividad que están haciendo y porque, en cualquier caso, es lo que la mente humana desea. Pero la verdad es que nuestros cerebros no son buenos saltando de un tema a otro. Como sabemos gracias a la neurociencia, en realidad no podemos hacer bien más de una cosa a la vez, pero aun así transitamos rápida y continuamente de un estímulo a otro: de la pantalla al libro, del libro a la comida y de vuelta otra vez, lo que significa que no prestamos toda nuestra atención a ninguna de esas cosas (Salvucci y Taatgen, 2010). El resultado final es que no hacemos bien ninguna de esas cosas, cometemos errores con más facilidad y acabamos estresados. La atención plena que propone el mindfulness constituye un potente antídoto a este fenómeno y puede ayudarnos a reducir los niveles de estrés que con frecuencia sufrimos después de largos períodos de multitarea.

No sois vuestros pensamientos

Cuando los niños practican la técnica de observar sus pensamientos para luego dejarlos ir y poder regresar al momento presente, aprenden que ellos no son sus pensamientos y que tienen la capacidad de elegir cuáles conservar y cuáles abandonar. Es un hecho que nuestros cerebros tienden a pensar constantemente sin importar qué otra cosa estemos haciendo. Nunca podremos detener este proceso, y detenerlo no es lo que el mindfulness pretende. El problema no está en pensar, sino en que la mayoría de nosotros solemos tomarnos en serio todos los pensamientos que nos cruzan por la mente independientemente de su cualidad, exactitud, relevancia o utilidad. Enseguida nos sentimos atrapados por las ideas que nos pasan por la cabeza, y podemos dedicar, y de hecho dedicamos, una cantidad exorbitante de tiempo y energía a explorarlas, comprenderlas, desmontarlas, conquistarlas o desafiarlas. Estos procesos raramente proporcionan claridad y, la mayoría de las veces, nos arrastran al pozo de nuestra mente y nos alejan de la experiencia real, que es el único lugar donde podemos realizar verdaderos cambios en nuestra vida. La verdad es que los pensamientos son solo pensamientos, no son la realidad, y dirigen nuestra realidad solo si se lo permitimos.

Algunas tradiciones budistas llaman a esta mente dispersa, confusa, inconsistente y agitada, la «mente del mono». Un enfoque consciente puede ayudar a nuestros hijos a distanciarse un poco de sus mentes de mono —las partes de su cerebro que son reactivas, impredecibles y, generalmente, poco útiles— y, de este modo, poder observar con cierta perspectiva lo que está sucediendo realmente y qué alternativas tienen para seguir adelante.

INTENTAD ESTO: No permitir que el mono conduzca el autobús

Extraje esta idea del popular libro infantil *No dejes que la paloma conduzca el autobús*, de Mo Willems (2003). A veces, nuestra mente está tan ocupada gritándonos o lanzando pensamientos que es como si un mono estuviera corriendo de un lado a otro en el interior de nuestro cráneo y dirigiera nuestra mente. Del mismo modo que no permitiríamos que una paloma condujera un autobús, no deberíamos permitir que un mono decida qué cantidad de atención debemos prestar a según qué cosas. Podéis explicar esta idea a vuestro hijo utilizando libros con imágenes (encontrarás sugerencias en la sección Recursos), y cada vez que percibáis que sus pensamientos están fuera de control, podéis preguntarle si el mono está conduciendo el autobús. Si la respuesta es afirmativa, podéis proponerle que lo invite a sentarse en el asiento trasero durante un rato. Esta es una forma divertida de recordarle a vuestro hijo que debe tranquilizarse, sin avergonzarlo o desestimar su experiencia.

Identificar las emociones

Mientras los pensamientos viven en la mente, las emociones suelen instalarse en el cuerpo. Como le ocurre a la mayoría de los adultos, los niños pueden quedarse tan atrapados en sus pensamientos que no perciban la tensión de sus hombros o la sensación de náuseas. Y si se dan cuenta, quizá no sepan qué significan estos síntomas y de qué forma influyen en su comportamiento. Muchas prácticas propuestas en este libro están diseñadas para enseñar a nuestros hijos a prestar atención a lo que está ocurriendo en su cuerpo y, por ende, a conectar esas sensaciones con sus emociones y pensamientos. Cuando averigüen lo que su cuerpo les está diciendo, podrán ser conscientes de lo que sienten y necesitan antes de que todo se desmorone.

Disponemos de muchas formas de ayudar a nuestros hijos a aprender a identificar sus emociones y, en capítulos posteriores, trataré este tema con más detalle. Sin embargo, podéis empezar utilizando palabras que describan las emociones que crees que vuestro hijo está experimentando; leyendo y comentando con él libros sobre emociones (sugiero varios en la sección Recursos); o pidiéndole que dibuje lo que está sintiendo. Por último, podéis ayudarlo a estar más en contacto con las sensaciones de su cuerpo preguntándoselo directamente o preguntándole qué siente en el cuerpo su peluche o muñeco favorito.

INTENTAD ESTO: Calmarse

El chequeo corporal es una meditación tradicional de mindfulness en la que se supervisa todo el cuerpo con atención, dándose cuenta de cómo está cada parte. Podéis intentar relajar las zonas tensas, pero no es imprescindible. Básicamente, esta práctica consiste en tomar conciencia. Supervisar con atención todo el cuerpo puede constituir una tarea ardua para un niño, así que podéis proponerle CALMARSE, empezando por su pecho, y luego brazos, piernas y mente.

Pedidle que se siente, o que permanezca de pie o tumbado en una posición cómoda, y que se fije en cómo siente el pecho. Decidle que os lo cuente o, simplemente, lo perciba en su mente. No es necesario ponerle palabras, basta con «Solopercibirlo». Después pedidle que preste atención a sus brazos y a sus piernas. Por último, preguntadle si percibe lo que está ocurriendo en su mente. ¿En qué está pensando? ¿Qué ideas o preguntas ocupan su mente? No hagáis ningún comentario ni sugerencia acerca de sus sensaciones o pensamientos; sean los que sean, son correctos. Simplemente, escuchadlo y acompañadlo mientras lo ayudáis a tomar conciencia de las distintas partes de su cuerpo.

Esto también pasará

Sea cual sea nuestra experiencia, tanto si la percibimos en el cuerpo como en la mente, no durará para siempre. Sin embargo, con frecuencia puede parecer lo contrario, sobre todo a nuestros hijos cuando se enfrentan a una situación difícil, ya sea un resfriado terrible, una interacción social conflictiva o una clase de matemáticas indigerible. Nuestros hijos pueden verse atrapados en pensamientos repetitivos u obsesivos sobre lo que esté sucediendo, o estar tan absortos en su drama mental que pierdan el contacto con lo que realmente está sucediendo. Cuando los ayudamos a enfocar las situaciones de una forma consciente, es más probable que se den cuenta de que los pensamientos, las emociones y las sensaciones físicas crecen y, luego, pasan, lo que ayudará a que les resulten más tolerables. Este enfoque también puede ayudarlos a aprender a disfrutar y aprovechar al máximo los momentos positivos de la vida, ya que a menudo se los pierden porque están demasiado distraídos, ansiosos o agitados por algún pequeño detalle que les resulta molesto. Por otro lado, cuando se dan cuenta, una y otra vez, de que nada es permanente, aprenden a manejar mejor los períodos de transición y los cambios inesperados.

El mindfulness ayuda a entrenar el cerebro

El aspecto más importante del mindfulness para nuestros hijos es que les ayuda a entrenar la mente para responder con más efectividad ante las situaciones estresantes, lo que es muy importante para las mentes en desarrollo. Ahora sabemos que el cerebro sigue cambiando y desarrollándose a lo largo de toda la vida, y muchos de esos cambios están determinados por lo que hacemos. El cerebro consta de billones de neuronas que envían señales eléctricas a través de trillones de conexiones que establecen con otras neuronas. Me gusta pensar en las neuronas como si fueran tramos de vías y en las señales eléctricas como si fueran los trenes. Los neurocientíficos suelen decir que las neuronas que se activan juntas permanecen interconectadas, lo que significa que, cuanto mayor sea la frecuencia con que utilizamos y hacemos conexiones entre zonas diferentes del cerebro, más fuertes y rápidas serán esas conexiones. Podemos ver cómo funciona este proceso cuando nuestros hijos aprenden, por ejemplo, a practicar un deporte. Al principio, puede que les cueste acertar y dar patadas a la pelota, pero, con la práctica, su cerebro y su cuerpo aprenden a trabajar juntos hasta que, al final, ya no tienen que pensar en cómo hacerlo; simplemente, lo hacen. Lo mismo ocurre con el mindfulness.

Cada vez que nuestros hijos practican el mindfulness, quizá concentrándose durante unos minutos en los sonidos que oyen alrededor o deteniéndose para respirar hondo antes de actuar con precipitación, están cambiando su cerebro. Investigaciones recientes (Hölzel *et al.*, 2011) han descubierto que la meditación mindfulness puede reducir el tamaño del sistema límbico (la zona del cerebro responsable de explorar el entorno en busca de amenazas, reales o imaginarias, y de reaccionar a ellas mediante la lucha, la huida, la paralización o el nerviosismo) y aumentar o fortalecer el córtex prefrontal (la zona que nos ayuda a tranquilizarnos, pensar con claridad, planificar y tomar decisiones racionales). Estos cambios cerebrales pueden ser especialmente efectivos en los niños, ya que sus córtex prefrontales no estarán totalmente desarrollados hasta que alcancen los veintipocos años. De hecho, esta parte del cerebro apenas se ha desarrollado en los niños menores de tres años. Esta es la razón de que no se pueda argumentar con ellos por medio de la lógica, ya que no acaban de entenderla, y de que pierdan el contacto con ella al menor contratiempo. Así pues, es poco probable que nuestros hijos mediten durante media hora cada día, pero no nos equivoquemos: cuanto más practiquen las habilidades de la intención, la atención, la amabilidad y la aceptación, y gracias a los cambios que se vayan produciendo en su cerebro, más rápida y fácilmente conectarán con esas habilidades en los momentos difíciles.

INTENTAD ESTO: Explicar cómo funciona el cerebro

A menudo, los niños son más receptivos a nuestras sugerencias si, para empezar, entienden por qué se las hacemos. Enseñarles cómo funciona y cambia su cerebro es una buena forma de ayudarlos. Me encanta la descripción que aparece en el libro *Little Flower Yoga for Kids* de Jennifer Cohen Harper. Habla de la diferencia entre el cerebro protector (el sistema límbico) y el cerebro reflexivo (el córtex prefrontal). El protector trabaja con ahínco para mantenernos lo más felices y a salvo posible, pero a veces no estudia detenidamente las cosas. Por eso necesitamos que el reflexivo nos ayude a ir más despacio y realizar las mejores elecciones. El mindfulness ayuda al cerebro protector a calmarse para que el cerebro reflexivo pueda actuar.

Confío en que, a estas alturas, comprendáis mejor cómo ayudó el mindfulness al joven Tyran a decidir no pegarle un puñetazo a otro niño. Aunque él no entra en detalles, supongo que, al prestar atención a su experiencia real en lugar de dejarse dominar por el enfado y la frustración y reaccionar en función de estos, Tyran fue capaz de darse cuenta de que estaba perdiendo el control antes de explotar. Al responder a esa toma de conciencia con cierto grado de interés o curiosidad en vez de reaccionar con enfado, se concedió el espacio mental suficiente para elegir otra alternativa, una mucho más acertada.

En esos momentos, cuando ha ocurrido algo, sea lo que sea, y nos damos cuenta de ello es cuando todo puede cambiar. Enseñar el mindfulness a nuestros hijos consiste en ayudarlos a aprender a prestar más atención a lo que está ocurriendo realmente en su interior y a su alrededor antes de que se vean atrapados en una vorágine mental. De ese modo podrán realizar una elección mejor. El primer paso, y también el más importante, para enseñarles esta habilidad consiste en aprenderla e integrarla en nosotros mismos, y sobre esto trata el siguiente capítulo.

2

Todo empieza en ti

Aquí hablaremos de por qué practicar el mindfulness uno mismo es el paso más importante que puede dar para enseñárselo a su hijo. No os estreséis si nunca habéis respirado conscientemente o meditado, porque os enseñaré todo lo necesario para empezar a hacerlo. En primer lugar, me gustaría contaros cómo me inicié en el mindfulness y qué he aprendido con él.

Cuando la gente se entera de que practico y enseño mindfulness y paternidad consciente, a menudo me preguntan cómo me inicié en ello. Probablemente esperan oír una historia sobre una búsqueda espiritual para dar mayor sentido a mi vida, porque muchos se sorprenden cuando les cuento que solo intentaba encontrar una técnica para chillarles menos a mis hijas. Incluso antes de que mi hija pequeña cumpliera dos años, me di cuenta de que perdía el control con mis hijas más a menudo de lo que me parecía aceptable. Empecé a investigar cómo podía dejar de gritarles y todo lo que leía sugería que practicara la meditación mindfulness. Yo no estaba interesada en meditar. Creía que la meditación era algo para gente dispersa que no tiene una dirección en la vida, pero la verdad es que ninguna otra cosa de las que había probado me funcionaba. Al final, me sobrepuse y me apunté a un curso sobre reducción del estrés basado en el mindfulness. Ahí aprendí esta técnica, así como meditación y yoga. Para mi sorpresa, pronto dejé de gritar tanto a mis hijas y me di cuenta de que mi práctica también influía en ellas. Cuanto más calmada estaba yo, más calmadas estaban ellas.

Como he mencionado antes, una de las mejores formas de enseñar a nuestros hijos es practicar personalmente lo que queremos que aprendan. Quizá ya tengáis experiencia en la práctica del mindfulness y ello implique que meditáis con regularidad, practicáis el yoga o sois conscientes del momento presente varias veces a lo largo del día, y esto es precisamente lo que os ha atraído de este libro. En ese caso, tal vez sepáis que el mindfulness es mucho más que una serie de trucos o herramientas. En realidad se trata de percibir el mundo con conciencia, aceptación y amabilidad, lo que nos ayuda a permanecer serenos y centrados cuando todo a nuestro alrededor parece un auténtico caos. Puede que también os hayáis dado cuenta de que esta práctica ayuda a permanecer más calmado y ser menos reactivo cuando vuestro hijo os pone de los nervios y que vuestra paternidad es más efectiva y empática cuando no os dejáis llevar por las rabietas o pataletas del niño.

Aunque haga poco tiempo que practicáis el mindfulness, quizá ya hayáis advertido que vuestro hijo responde a los cambios que se están produciendo en vosotros. Quizá se pone histérico con menos frecuencia e intensidad, o se recompone más deprisa, aunque de momento no le hayáis enseñado la práctica del mindfulness directamente.

O quizá vuestro caso no coincida con ninguno de los anteriores. Quizá no sabíais nada del mindfulness antes de elegir este libro o teníais algunas nociones preconcebidas que pueden ser correctas o no. Quizá creáis que el mindfulness puede ayudaros pero no sabéis por dónde empezar. O quizá creáis que puede ser una buena técnica para vuestro hijo pero no os parece adecuado para vosotros. Quizás habéis intentado meditar antes y sentís que no os funcionó o que los ejercicios eran demasiado artificiosos o difíciles de practicar. Comprendo estas sensaciones y creencias porque yo también las he experimentado. Sea cual sea vuestro caso, algo en el mindfulness ha despertado vuestro interés, como lo demuestra el hecho de que estéis leyendo este libro. Yo os animo a mantener la mente receptiva respecto al papel que el mindfulness puede ejercer en vuestra vida, porque la verdad es que no podemos enseñárselo a nuestros hijos de una forma efectiva a menos que lo practiquemos personalmente.

Antes de que esta idea os ponga histéricos, inhalad hondo una o dos veces. No, en serio, hacedlo. Se trata de una práctica fundamental del mindfulness que, básicamente, es lo que habréis incorporado a vuestra vida hacia el final de este capítulo. No tenéis que trasladaros a un *ashram* en la cima de una montaña, apuntaros a un retiro de silencio de diez días ni permanecer varias horas al día sentado en el suelo con las piernas cruzadas y entonando mantras, pero si esperáis compartir la práctica del mindfulness con vuestro hijo, sí que tenéis que probarla personalmente. Más adelante explicaré cómo hacerlo, pero primero exploremos por qué practicar algo personalmente es fundamental para poder enseñárselo a los demás.

INTENTAD ESTO: Tres respiraciones mágicas

Este libro incluye varias técnicas básicas de respiración consciente, ya que respirar conscientemente es uno de los primeros pasos fundamentales para adoptar una actitud de conciencia plena. El ejercicio que propongo a continuación es una de esas técnicas.

En cualquier momento del día en que vosotros o vuestro hijo os sintáis exhaustos, frustrados o agobiados, podéis realizar tres respiraciones mágicas juntos. Esto significa interrumpir lo que estéis haciendo y respirar tres veces de forma profunda e intencionada. Sugiero que inhaléis y exhaléis por la nariz, aunque puede hacerse de la forma que resulte más cómoda y relajante. Fijaos en cómo os sentís a continuación: probablemente, un poco más tranquilos, centrados y capaces de seguir adelante con el día.

Por qué no podemos decirles a nuestros hijos que se relajen

Ojalá pudiera decirles a mis hijas que se tranquilicen o, simplemente, darles una bola de nieve para que la contemplen cada vez que están estresadas, tristes o asustadas. Pero apenas si logro mantenerme yo calmada con todo lo que ocurre a lo largo del día, y desde luego no tengo las ganas ni la energía suficientes para resolver sus malos momentos. Cuando estoy agotada, lo único que quiero es que se vayan, se recompongan solas y regresen cuando hayan recuperado su forma de ser dulce y colaboradora. Por desgracia, raras veces funciona de esta manera; ni en mi caso ni en el de ningún padre que conozca. Cada vez que nuestros hijos se sienten tristes, frustrados o enfadados, no podemos, simplemente, decirles que se relajen. Si queremos enseñarles a hacerlo, tenemos que practicar el mindfulness nosotros mismos, por varias razones que explico a continuación.

Nuestros hijos saben cuándo no somos sinceros con ellos

La primera razón es bastante simple y clara: los niños pueden identificar a un farsante desde lejos, sobre todo si ese farsante es uno de sus progenitores. Los niños disponen de un afinado radar que les sirve para identificar todas y cada una de nuestras hipocresías y contradicciones, y procurarán que seamos conscientes de ellas. Esto constituye un auténtico fastidio para nosotros por varias razones, pero en este caso en particular, significa que, si les estamos pidiendo que hagan algo como respirar conscientemente, realizar una meditación guiada u otra cosa que ellos saben que nosotros no hacemos, lo más probable es que se nieguen o que la hagan de una forma mecánica porque no tienen elección. Y esto es justo lo contrario de lo que queremos conseguir. Por otro lado, nuestros hijos saben cuándo estamos siendo honestos con ellos, y es mucho más probable que nos respeten y nos hagan caso si intentamos conectar con ellos desde la autenticidad y la compasión. Además, ellos sienten una gran curiosidad por nuestra vida y por aquellas cosas a las que dedicamos nuestro tiempo, y si saben que el mindfulness es importante para nosotros, probablemente querrán saber más acerca de él. Sobre todo si lo compartimos con ellos de una forma amable y respetuosa.

La regla de «cómete la verdura»

Esto me lleva a la segunda razón por la que no podemos decirles a nuestros hijos que sean conscientes sin más. Yo la pienso como la regla de «cómete la verdura». A mi marido le encantan los vegetales y los come continuamente, mientras que a mí me ha costado mucho tolerarlos y comerlos con regularidad. Ocasionalmente, mi marido me sugiere, de una forma amable y desenfadada, que coma una ensalada en lugar de mi habitual bocadillo de atún. Él practica lo que predica y lo sé. Y también sé que tiene razón, pero, en general, no le hago caso y me tomo un bocadillo de atún. Esta forma de actuar tiene poco que ver con nuestra personalidad individual o la calidad de nuestro matrimonio. Tiene que ver con la naturaleza humana. A las personas no nos gusta que nos digan lo que tenemos que hacer ni siquiera cuando las sugerencias proceden de alguien que nos quiere, desea lo mejor para nosotros y tiene razón. Queremos sentir que tenemos el control de nuestra vida y nuestras elecciones, y llegamos al extremo de tomar decisiones que nos resultan perjudiciales o poco favorables si con ello conseguimos el tan deseado sentimiento de poder personal. Incluso las sugerencias más sutiles, razonables y bien intencionadas podemos percibirlas como una amenaza a nuestra autonomía, y hasta las personas más maduras y razonables pueden actuar respondiendo a la necesidad de sentirse poderosas e independientes y no tener en cuenta si la propuesta es o no valiosa. Creo que es justo decir que la mayoría de los niños no se ajustan a la definición de «persona más madura y razonable»; mis hijas desde luego que no. Y la mayoría de las veces yo tampoco.

Cualquier padre que alguna vez haya hecho una sugerencia a su hijo sabe exactamente a qué me refiero. En ningún entorno es más intensa la lucha por la autonomía que entre los hijos y sus padres. Un inagotable sentido de la responsabilidad nos empuja a ayudar a nuestros hijos a sentirse seguros, saludables y felices, mientras ellos están inmersos en un proceso de desarrollo encaminado a ejercer su propio poder.

Si el mindfulness forma parte de vuestra vida y vuestro hijo lo sabe, es más probable que muestre interés cuando le sugiráis una práctica, juego o actividad para experimentarlo. Sobre todo si estáis dispuestos a ponerlo en práctica con él.

Pero también es posible que, en función de vuestro estado de ánimo, la etapa de desarrollo en que se encuentre el niño o incluso la fase de la luna que toque ese día, vuestra sugerencia de que realice tres respiraciones mágicas resulte tan efectiva como la de mi marido de que coma ensalada, o sea, no mucho. Aunque nuestro objetivo último consiste en encontrar un equilibrio entre enseñarles directamente y constituir un modelo a seguir para ellos, a veces deberemos dejar a un lado la enseñanza directa y centrarnos en nuestro propio aprendizaje. Y esto es aplicable tanto al caso de consumir verduras como al de la meditación. Si somos consecuentes con lo que es importante para nosotros, a la larga nuestros hijos probablemente se sentirán lo bastante interesados para probarlo ellos también. Puede que esto no ocurra hasta que crezcan y se independicen, pero al menos habremos plantado la semilla.

No podemos enseñar lo que no hemos experimentado

La última y más importante razón de que necesitamos practicar el mindfulness es que se trata de la única manera de obtener una idea clara y exacta de qué es exactamente y cómo funciona. El mindfulness es una de esas cosas que no se puede enseñar a otros si no lo ha experimentado uno mismo. Hay muchas ideas falsas sobre lo que significa prestar atención al momento presente con amabilidad y aceptación, y, por muchos libros que leamos sobre ello, incluido este, el mindfulness no es algo que podamos entender solo intelectualmente.

Eso sería como intentar enseñar a vuestro hijo a nadar sin haberos lanzado nunca a una piscina. Podéis haber leído todos los libros del mundo sobre cómo flotar en el agua, los movimientos de los distintos estilos, cuándo tomar aire y cómo exhalar por la nariz para no tragar agua; sin embargo, mientras no os sumerjáis en el agua, mientras no sintáis que os rodea por todas partes y no podéis respirar y, aun así, mantengáis la calma y saquéis la cabeza para respirar, no sabréis por lo que está pasando vuestro hijo cuando se agita en el agua y qué necesita para sentirse seguro y tener éxito.

Sugerirle que pruebe una práctica de mindfulness sin haberla probado vosotros es como tenderle un flotador y pretender que nade. Le estaríais dando una herramienta que podría resultarle útil en el momento, pero es poco probable que llegue a interiorizar esa práctica. Probablemente haría lo posible para evitar los sentimientos abrumadores, pero, si no lo consiguiera, le parecería estar ahogándose y acabaría aún más nervioso. Afortunadamente, podéis lanzaros a la piscina, practicar en persona y daros cuenta de lo que se siente. Esta es la mejor manera de enseñar a vuestro hijo y, además, obtendréis para vosotros mismos los beneficios del mindfulness.

INTENTAD ESTO: Conectar antes de corregir

«Conectar antes de corregir» es una frase que puede aplicarse a casi todas las interacciones sociales. Básicamente, significa que es más probable que los demás acepten tus comentarios y sugerencias si se sienten conectados contigo. Precisamente por eso no podéis decirle sin más a vuestro hijo que respire conscientemente cuando está pasando un trance difícil, pero si dedicáis tiempo a conectar con él, aunque solo sea durante un momento, y a entender lo que le pasa, él estará más dispuesto a aceptar vuestra sugerencia. Así que la próxima vez que el niño esté viviendo un momento difícil, inhalad hondo varias veces y calmaos para poder conectar con él antes de corregirle.

Empezad a practicar el mindfulness

La mejor manera de aprender a practicarlo es empezar cuando estéis relativamente tranquilos. De este modo, cuando os toque pasar por un momento complicado, ya sea vuestro o de vuestro hijo, al menos tendréis algo de experiencia en los beneficios y dificultades que acompañan a esta práctica. Esta es, también, la mejor manera de enseñárselo a vuestro hijo. Si compartís con él las ideas y los ejercicios cuando esté tranquilo, es más probable que los aprenda que si lo intentáis cuando esté ansioso, enfadado o agotado.

Hay dos formas básicas de practicar el mindfulness, la formal y la informal. El mindfulness formal es similar a la meditación, que significa dedicar cierto tiempo todos los días a prestar atención a una única cosa. Uno puede elegir centrarse, por ejemplo, en los sonidos circundantes, la propia respiración, los pasos que se dan al caminar o las sensaciones del cuerpo.

El mindfulness informal consiste en dirigir la atención plena a lo que se esté haciendo en cualquier momento del día, ya sea ducharse, estar en una reunión de trabajo, abrazar a vuestro hijo para consolarlo, presenciar un partido de fútbol o baloncesto del niño o disfrutar de una merecida cena con la pareja o los amigos.

A menudo, mientras practiquemos la meditación o el mindfulness la mente se distraerá; de hecho, ocurrirá cada pocos segundos. Esto es normal. Nuestras mentes están hechas para pensar, plantearse problemas, planificar, analizar, preocuparse, anticiparse y, en general, intentar averiguar cómo conseguir más de lo que nos hace sentir bien y menos de lo que nos resulta desagradable o aburrido. El objetivo del mindfulness no es detener este proceso. Eso es imposible. Cuando nos distraigamos, tanto si estamos sentados en un cojín de meditación como removiendo una sopa, el objetivo del mindfulness consistirá sencillamente en darnos cuenta, de una forma afable y con aceptación, de que nuestra mente se ha ido lejos y en redirigirla a los sonidos que nos rodean, nuestra respiración, nuestros pasos o nuestro cuerpo.

Cuando conseguimos tomar conciencia de nuestros pensamientos y distanciarnos de ellos una y otra vez, aprendemos que no somos nuestros pensamientos, y cuando tomamos conciencia de que nuestros pensamientos no son nuestra realidad, podemos elegir si queremos o no prestarles atención. En lugar de sentirnos atrapados y agobiados por nuestras fantasías y preocupaciones, podemos percibirlas como percibimos el tráfico. No tenemos por qué montar en todos los coches que se cruzan en nuestro camino. Podemos elegir el coche que vaya en la dirección que queremos y dejar que el resto pase de largo. Cuando entendamos por fin que podemos elegir cómo responder ante nosotros mismos y nuestros hijos, nos daremos cuenta de que somos libres para realizar la mejor elección posible y enseñar a nuestros hijos a hacerlo. Y cada vez que elijamos erróneamente, nos perdonaremos con humor y cordialidad. Sin embargo, el primer paso es distanciarnos un poco de nuestros pensamientos.

Hay varias prácticas específicas que podéis probar, tanto formales como informales. A continuación, describo unas cuantas meditaciones comunes para que podáis empezar. También hay muchos libros, CDs y páginas web con numerosas meditaciones guiadas (véase Recursos). Si preferís otras meditaciones, quizá por motivo de vuestra fe o religión, no hay problema. Es importante recordar que la meditación puede y debería ser una experiencia agradable. Como dice elocuentemente Karen Maezen Miller (2009), madre, escritora y monja zen budista, «el objetivo de la meditación no es padecer dolor. La vida ya es bastante dolorosa en sí misma. El objetivo de la meditación es aliviar el dolor». Os animo a probar alguna de estas prácticas, al menos durante unos minutos cada vez, y a averiguar si os funcionan o no.

Prácticas de meditación formales

La meditación formal requiere que le dediques tiempo todos los días. Más abajo describo cinco meditaciones básicas. Existen muchos estilos de meditación, pero lo más importante es que encontréis el que os resulte más cómodo. Recomiendo que aprendáis al menos uno basado en la respiración, ya que podréis practicarlo en cualquier momento y lugar. Las siguientes explicaciones deberían serviros para empezar, pero si necesitáis más instrucciones u orientación, en Recursos encontraréis una lista de libros, páginas web y aplicaciones útiles.

He aquí algunas cosas que debéis tener presentes:

- Empezad meditando unos diez minutos cada día. Si os parece demasiado, empezad con cinco minutos o incluso dos. La constancia diaria es el factor más importante, así que cinco minutos al día es mejor que veinte un solo día a la semana. El mindfulness es como un músculo y, cada vez que meditamos, lo fortalecemos. Cuantas más veces meditéis, más rápida y fácilmente podréis adoptar una actitud mental consciente cuando lo necesites.

- La mejor hora del día para meditar dependerá de vosotros y vuestros horarios. Algunas personas prefieren meditar por la mañana, nada más levantarse, para empezar bien el día. Otras prefieren despejar la mente por la noche, antes de acostarse. Probablemente sois un padre o una madre con muchas ocupaciones, así que recomiendo que meditéis cuando os sea posible. Tanto si decidís hacerlo pronto por la mañana o por la noche, cuando los hijos se hayan acostado, ambas son buenas opciones. Yo suelo ir a buscar a mis hijas al colegio unos diez minutos antes y utilizo ese tiempo para realizar una meditación guiada o de respiración en el coche. Otras veces, medito mientras espero en la consulta del médico, en la cola del supermercado o mientras voy andando al trabajo. No hay reglas para esto, así que sed creativos y haced lo que os funcione mejor.

- No existe una sesión de meditación mala. Conforme vayáis meditando, os daréis cuenta de que, en ciertas ocasiones, la mente se siente calmada y serena y puede mantener la atención con relativa facilidad. Otros días, sentiréis que la mente se agita como un pez fuera del agua y que, por mucho que lo intentéis, no podéis controlarla y se escabulle. En esas situaciones, lo mejor es aflojar el control, dejar ir los pensamientos y volver a centrarse en la respiración, los sonidos o los andares. Aunque cueste, seguid intentándolo. Aunque os parezca que no conseguís meditar con éxito, percibiréis los beneficios en vuestra vida diaria.

- Si no podéis meditar durante un día, dos o doce, no os preocupéis. No hay que estresarse ni sentirse culpable por ello. Encontrar tiempo para meditar cuando se tienen hijos pequeños puede resultar especialmente difícil. Como uno de mis profesores de mindfulness me dijo una vez, «tus hijos son tu práctica». Así que no os presionéis y recordad que, aunque no hayáis podido meditar durante varios días, siempre, siempre podéis volver a empezar.

Hay cuatro formas tradicionales de meditar: sentado, de pie, tumbado y caminando. También se puede meditar con los ojos abiertos o cerrados. Intentad diferentes estilos y comprobad cuál os va mejor. Unos pueden funcionar mejor que otros dependiendo de cómo os sintáis en ese momento o en tal o cual hora del día.

Respirar
Adoptad una posición cómoda y con una actitud atenta, ya sea sentado o tumbado. Podéis cerrar los ojos o mantenerlos abiertos. Realizad varias respiraciones profundas y completas y luego dejad que la respiración adopte su ritmo natural. Fijaos dónde percibís la respiración de una forma más clara: en la punta de la nariz, en las fosas nasales, en el interior de la nariz, en las subidas y bajadas del pecho o en las expansiones y contracciones

del estómago. Centrad la atención en ese sitio. No tenéis que modificar la respiración, solo prestarle atención. Cada vez que la mente se distraiga, cosa que hará al cabo de pocas respiraciones, volved a dirigirla suavemente a la respiración. Si os cuesta permanecer centrados, podéis susurrar «inhala», «exhala», o contar las respiraciones hasta diez y volver a empezar.

ESCUCHAR

Adoptad una posición cómoda y con una actitud atenta, ya sea sentados o tumbados. Podéis cerrar los ojos o mantenerlos abiertos. Realizad varias respiraciones profundas y completas y luego simplemente escuchad. Centrad la atención en alguno de los sonidos que os rodean, ya sea la voz de vuestro hijo, el ruido de vuestra respiración entrando y saliendo del cuerpo, los sonidos ambientales o los del tráfico. Cuando vuestra atención se disperse y empecéis a pensar, tomad conciencia solo de vuestros pensamientos, dejadlos ir y regresad a la escucha. Vuestra atención volverá a distraerse; cuando lo haga, volved a la escucha una y otra vez. Recordad que no se trata de que escuchéis de una forma perfecta continuamente, sino de daros cuenta de cuándo dejáis de escuchar y entonces redirigir la atención a los sonidos.

CAMINAR

Meditar caminando es fantástico cuando el cuerpo no puede dejar de moverse, cuando quedarse quieto mucho rato hace que os durmáis o cuando estáis obligados a caminar, quizá con vuestro hijo en el carrito o para sacar a pasear el perro. Hay muchas formas de practicar esta meditación. Como ya he comentado, se trata de prestar atención a algo y redirigirla a ello una y otra vez. Mientras uno camina, puede realizar una meditación de respiración o de escucha, o ir contando los pasos hasta diez una y otra vez. Alternativamente, podéis elegir centraros en el mismo acto de caminar y en los movimientos implicados en cada paso. Podéis fijaros en cómo cambia el peso de un pie a otro, cómo levantáis cada pie y volvéis a apoyarlo en el suelo. Podéis ir repitiendo: «Cambia, levanta y paso», y quizás esto os ayude a permanecer centrados. Si al cabo de unos pasos la mente se distrae, solo daros cuenta de que lo ha hecho y volved a dirigirla a la respiración, la escucha, el caminar o el hecho de contar.

CHEQUEO CORPORAL RÁPIDO

Esta práctica se puede realizar sentado, de pie o tumbado. En este caso, el objetivo consiste en un chequeo rápido de todo el cuerpo para averiguar dónde puede haber tensión o dolor. No se trata necesariamente de relajar o poner fin a esas sensaciones, sino de tomar conciencia de lo que está ocurriendo en el cuerpo y en cómo eso puede estar influyendo en los pensamientos, sentimientos e interacciones con los demás.

- Dedicad unos instantes a centraros. Sed conscientes de qué zonas del cuerpo están en contacto con el suelo o la silla.

- Realizad tres respiraciones y sed conscientes del aire cuando pasa por la nariz, de la expansión del pecho o del movimiento del estómago.

- Empezad por la cabeza o los pies. Podéis probarlo de ambas formas y decidir cuál preferís. Desplazad la atención abajo o arriba por todas las partes del cuerpo y fijaos en si están relajadas, tensas, doloridas o neutras, o si en ellas percibís cualquier otra sensación. Si, por ejemplo, empezáis por la cabeza, podéis dirigir la atención al cráneo, la cara, bajar por el cuello, los hombros, por los brazos y hasta los dedos de las manos. A continuación, podéis prestar atención al pecho, estómago, espalda, caderas, pelvis, muslos, pantorrillas, tobillos y pies. Puede que no percibáis ninguna sensación o no logréis identificarla. No pasa nada: solo se trata de darse cuenta.

- Cuando la mente se distraiga, cosa que hará, tomad conciencia de la distracción y redirigid la atención al cuerpo.

Quizá queráis relajar los músculos que percibáis tensos mediante unos estiramientos o con un suave masaje, pero el objetivo principal de esta práctica es aumentar la conciencia de uno mismo respecto a cómo y dónde el cuerpo refleja las emociones, y cómo estas pueden influir en el comportamiento y viceversa.

Este chequeo corporal se puede realizar en cinco minutos o en cuarenta y cinco, según cuánto tiempo mantengáis centrada la atención en cada parte del cuerpo. Si no acabáis de entender cómo hacerlo, en internet encontraréis varias meditaciones guiadas gratis.

PRÁCTICA DEL AMOR-BONDAD

La Metta o práctica del amor-bondad es un tipo de meditación en que enviamos pensamientos afectuosos y bondadosos hacia nosotros mismos y los demás con la intención de entrenar el cerebro para que lo haga de una forma fácil y rápida. Esta práctica está relacionada con la teoría de que las neuronas que se activan juntas permanecen interconectadas. Cuanto más a menudo pensemos o hagamos algo, más probable es que volvamos a pensarlo o hacerlo. Será más fácil ser pacientes y bondadosos con nuestros hijos si hemos practicado la bondad previamente.

La práctica en sí misma es bastante simple y se puede realizar sentado, de pie, caminando o incluso haciendo cola en una tienda. Elegid a una persona como foco de vuestra atención (podéis ser vosotros mismos, alguien que conozcáis o incluso cualquier desconocido) y repetid las siguientes frases mentalmente mientras pensáis en esa persona o personas:

Espero que seas feliz.
Espero que goces de salud.
Espero que estés a salvo.
Espero que tu vida sea fácil.

Otra frase que me gusta emplear es «Espero que te sientas amado». Las palabras no importan tanto como la intención, así que, si no conectáis con estas frases, podéis elegir otras tres o cuatro que os inspiren.

Repetid las frases varios minutos, hasta que os sintáis listos para dirigirlas a otra persona o grupo de personas. Tradicionalmente, la meditación Metta se dirige, primero, a uno mismo, luego a alguien que nos resulte indiferente, después a personas con las que experimentemos algún tipo de dificultad y, finalmente, al mundo entero. Podéis seguir esta serie o elegir solo una persona en la que centrar vuestros pensamientos bondadosos. Cuando os deis cuenta de que la mente se distrae, cosa que hará, volved a dirigirla suavemente a la persona en que estabais pensando y seguid repitiendo las frases.

Prácticas de meditación informales

Si la meditación formal es como ir al gimnasio a entrenarse en serio varias veces a la semana o incluso cada día, la informal es como subir por la escalera en lugar de tomar el ascensor, aparcar en la plaza más alejada del aparcamiento o levantarse de la silla en el trabajo y realizar unos estiramientos durante unos minutos. El objetivo es incorporar el mindfulness a la vida diaria. Cualquier cosa que hagamos a lo largo del día, desde lavarnos los dientes por la mañana hasta beber té o café, enviar un e-mail, comer con la familia o leer con nuestros hijos, representa una oportunidad para practicar el centramiento de la atención con amabilidad y curiosidad. En este caso no se trata tanto de alcanzar la atención plena como de tener la intención de prestar tanta atención como podamos a lo que estemos haciendo, sin juzgarlo ni desear que sea diferente. Como en la meditación formal, la mente se distraerá y el objetivo será darse cuenta de la distracción y volver a dirigir la mente a lo que estemos haciendo.

Recomiendo que, para empezar, elijáis una o dos actividades diarias que os resulten agradables. Yo intento prestar atención cuando me ducho: ¡no sabéis cuántas veces he terminado de ducharme y, a pesar de que mi cabello estaba húmedo, no me acordaba de si me lo había lavado o no! Y también lo intento cuando leo cuentos a mis hijas. No fue hasta que empecé a practicar el mindfulness que me di cuenta de que a veces terminaba el libro y no tenía la menor idea de qué trataba. Mi cuerpo estaba sentado en el sofá, mis ojos recorrían las páginas y mi voz pronunciaba las palabras, pero mi mente vagaba entre listas de tareas, una conversación preocupante que había mantenido con una amiga, un miembro de la familia que estaba enfermo, mis planes profesionales y la clase de yoga a la que había olvidado asistir. Cuando empecé a darme cuenta de cuándo se distraía mi mente y volvía a dirigirla al libro y a mis hijas, disfruté mucho más de la experiencia de leerles. Ya no sentía que se trataba de una obligación o de algo que quería terminar cuanto antes, sino de una oportunidad para conectar con mis pequeñas. Cada vez más, leerles cuentos me hacía sentir relajada, vigorizada y feliz.

Sarah Rudell Beach, madre de dos niños y autora del blog *Left Brain Buddha* (2014), sugiere las siguientes ocasiones para practicar el mindfulness a lo largo del día. Todas son bastante asumibles para padres ajetreados:

• Tomar conciencia de actividades rutinarias como vestirse, conducir o hacer cola.

• Tomar conciencia de la tecnología. Por ejemplo, respirando hondo tres veces antes de enviar un e-mail o de contestar al teléfono.

- En las interacciones con los hijos u otras personas. Por ejemplo, escuchando con interés, prestando atención a los juegos en que participamos con ellos o permaneciendo calmados cuando pasan por un momento difícil.

- Mientras realizamos tareas domésticas como limpiar, pasar el aspirador, doblar la ropa o lavar los platos.

- Comprobando cómo está nuestro cuerpo, quizá mediante un breve chequeo para averiguar dónde acumulamos tensiones. En esos casos, podemos respirar conscientemente durante unos instantes y relajarnos un poco. (Véase la práctica de CALMARSE en el capítulo 1.)

Aunque cualquier momento del día es bueno para practicar el mindfulness, no pretendáis ser plenamente consciente en todo momento. Este propósito estaría destinado al fracaso aunque criarais a vuestros hijos en un monasterio zen. Acordaos de practicarlo cuando podáis, y sed cordiales y bondadosos con vosotros mismos cuando os olvidéis.

═══════════════════════════════

INTENTAD ESTO: Practicar durante las tres T

Me encanta la sugerencia de Meena Srinivasan (2014) de practicar durante las tres T: hora del té, tiempo de transición y momento *toilette*. A los padres ajetreados nos puede resultar difícil dedicar unos minutos a meditar durante el día. Sin embargo, dedicar breves momentos a la toma de conciencia varias veces al día puede suponer una reducción significativa del estrés. Así que cada vez que toméis un sorbo de té (o café), vayáis al lavabo, estéis en una cola o saliendo de casa, utilizad esos breves períodos de tiempo para respirar y reconectar con vuestro cuerpo, vuestra experiencia y el momento presente.

———————

Cuando empecéis a practicar el mindfulness, tened presentes dos cosas. La primera es que resulta fácil verse atrapado en los detalles: en qué consiste exactamente y cómo hacerlo correctamente. No os preocupéis por eso. Aunque no os acordéis de nada más, sí daos cuenta de cuándo se distrae la mente y respirad conscientemente mientras la redirigís al momento presente. Si lográis hacerlo, será una buena señal. La segunda cosa que debéis recordar es que el mindfulness no es otra obligación para añadir a vuestra interminable lista de tareas. No debéis machacaros por haber olvidado o retrasado su práctica o haber realizado actividades de forma mecánica. Si os culpabilizáis, es que os está dominando el mono loco de vuestra mente. Fundamentalmente, el mindfulness consiste en adoptar una actitud consciente y compasiva hacia vuestra experiencia y la de los demás. Intentad no sentiros demasiado frustrados si no alcanzáis el objetivo, porque eso ocurrirá. A todos nos ocurre, y más de una vez, hasta que por fin nos damos cuenta de lo que está pasando, y esto nos da la oportunidad de realizar una elección diferente.

Compartir vuestra práctica con vuestro hijo

Conforme vayáis integrando las prácticas formales e informales del mindfulness en la vida diaria, quizá queráis compartir la experiencia con vuestro hijo. Podéis hacerlo de varias formas simples y directas: enseñándole lo que estáis haciendo; hablándole del mindfulness o explicándole cómo influye en los pensamientos, sentimientos y comportamientos. Como el mindfulness consiste en una actitud y experiencia internas, a menos que le expliquéis lo que estáis haciendo y por qué, quizá vuestro hijo no lo relacione con la felicidad, la gratitud, la compasión o la paciencia. Ahora el objetivo consiste en ser transparente sobre este aspecto de vuestra vida sin intentar convencer o imponérselo a vuestro hijo. Simplemente, prestad atención a cómo responde. Si no demuestra interés, dejadlo correr. Siempre podréis volver a explicárselo más adelante.

Compartir vuestra práctica puede implicar que os mostréis vulnerables y abiertos de maneras inusuales o con las que no os sintáis cómodos. La cuestión es que el mindfulness no solo consiste en saber cuándo estamos haciendo demasiadas cosas a la vez o estamos atrapados en pensamientos dispersos que nos alejan de la realidad; también consiste en reaccionar ante nosotros mismos con perdón y compasión cada vez que nos pase. Y, asimismo, consiste en permitirnos disfrutar plenamente de un momento bonito sin que nos invada la nostalgia o la ansiedad, o manejar un momento complicado sin reaccionar de forma desagradable o impulsiva. Es sumamente valioso que compartamos estas lecciones con nuestros hijos.

Y si queremos que las aprendan, tienen que ver cómo las ponemos en práctica y oírnos hablar de ellas. Es fácil que nos olvidemos de hablar con nuestros hijos sobre nuestras prácticas de mindfulness, y si nos acordamos, puede resultarnos difícil. No sé vosotros, pero yo no doy saltos de alegría cuando pienso en contarles a mis hijas todas las maneras en que me distraigo, me siento confusa o ansiosa. Ya me resulta bastante difícil admitirlo ante mí misma. Pero cada vez que logremos admitir y compartir nuestra experiencia de una manera transparente y auténtica, se volverá más y más interesante y accesible para nuestros hijos, que probablemente se interesarán por las actividades de mindfulness que les ofrezcamos.

Los padres a los que entrevisté me describieron varias formas de servir de ejemplo a los hijos y compartir con ellos momentos de toma de conciencia:

- Formulaos preguntas en voz alta. Esta es una buena forma de ejemplificar para ellos la curiosidad, que constituye un aspecto fundamental del mindfulness. He aquí algunos ejemplos: «¿Qué estoy sintiendo?» «¿En qué estoy pensando?» «¿Qué necesito ahora mismo?» «¿Qué puedo hacer para ser amable conmigo mismo o mis hijos?»

- Mostrad compasión regalando barritas de cereales o dinero a indigentes o sacando un insecto de vuestra casa en lugar de matarlo.

- Explicadle a vuestro hijo por qué no se ve la televisión ni se lee una revista durante la cena. Podríais tener la tentación de decirle «Porque estamos cenando», pero si le habláis de lo importante que es estar presentes y centrados en la comida y los unos con los otros, el niño aprendería algo importante acerca de la conexión, los rituales y el hecho de comer conscientemente.

- Valorad los momentos felices en voz alta. No temáis hablar acerca de lo difícil que resulta prestar atención o permanecer conectado incluso en los momentos agradables. Explicadle qué significa saborear algo, sumirse totalmente en una experiencia, y que al hacerlo es muy probable que vivamos la experiencia más plenamente, recordemos esos momentos y cambiemos gracias a ellos.

- Sed agradecidos en voz alta. El simple acto de experimentar y expresar gratitud puede transformar casi cualquier experiencia. Por el simple hecho de respirar ya debemos estar agradecidos, y recordar esta verdad puede proporcionarnos la suficiente perspectiva para adoptar una actitud mental más abierta y bondadosa.

- Explicadle a vuestro hijo por qué respiráis hondo y cómo os ayuda a manejar las situaciones difíciles.

- Describidle alguna ocasión en que cometisteis un error y fuisteis capaces de sentir compasión y perdón hacia vosotros mismos.

- Habladle de un grupo, libro o conferencia sobre meditación que os haya gustado.

- Escuchad meditaciones guiadas cortas con vuestro hijo. Una madre me contó que sus hijos se sentían especialmente interesados en estas meditaciones si podían buscarlas en una aplicación del móvil (véase ejemplos en Recursos).

- Adoptad costumbres y rituales familiares que os ayuden a salir de los círculos viciosos y a sentiros conectados los unos con los otros, con vuestra tradición o cultura y con el momento presente.

- Dejad a un lado el móvil de una forma explícita y visible. Podéis elegir un lugar cerca de la entrada de la casa y dejar ahí el cacharro cada día al regresar del trabajo.

- Invitad a vuestro hijo a participar con vosotros cuando meditéis o practiquéis yoga. Aseguraos de que vuestras expectativas sean razonables.

- Si utilizáis un cojín de meditación o un cuenco sonoro (una campana en forma de cuenco que se golpea con un mazo pequeño y acolchado y se usa frecuentemente en las meditaciones), dejadlos a la vista para que vuestro hijo pueda verlos y jugar con ellos. Si el niño pregunta qué estáis haciendo, contadle vuestra experiencia.

- Recordaos a vosotros mismos en voz alta que siempre, siempre se puede volver a empezar.

Estas son algunas ideas que pueden resultar útiles para empezar. Recordad que el objetivo es plantar las semillas del mindfulness compartiendo los propios esfuerzos y experiencias con vuestro hijo y sin poner expectativas en lo que él aprenderá o hará con esa información.

================

INTENTAD ESTO: Practicar de todos modos

Aunque resulta más agradable meditar en los momentos tranquilos, los padres no solemos contar con largos períodos de calma para nosotros mismos. Aprender a practicar el mindfulness incluso cuando la vida se agita es una habilidad sumamente valiosa. De hecho es el objetivo final de este libro, ya que los momentos caóticos son cuando más podemos beneficiarnos del mindfulness. Si no habéis podido meditar antes de que vuestro hijo se despierte, intentad hacerlo después. Contadle lo que vais a hacer e invitadlo a participar, o a arrastrarse por encima de vosotros mientras lo hacéis, que podría ser el caso. Podéis elegir practicar una meditación de escucha o de respiración, y cada vez que algo os distraiga volved a los sonidos circundantes o a la respiración. Aunque solo lo hagáis durante un par de minutos, será una valiosa experiencia de aprendizaje para vuestro hijo y una forma útil de mantener vuestro hábito de meditar.

================

John Teasdale, uno de los principales investigadores del mindfulness, comenta que practicarlo no es difícil, pero acordarse de hacerlo sí que lo es (Borchard, 2013). Por tanto, trataos como trataríais a vuestro hijo cuando se distrae, se olvida de algo o está en las nubes: con bondad, aceptación y amables recordatorios para que regrese al momento presente. Cuanto más capaces seáis de actuar así con vosotros mismos, más momentos de conciencia presente tendréis a lo largo del día. Conforme vayáis teniendo estas experiencias, buscad maneras de compartirlas con vuestro hijo. Cada vez que las compartáis, estaréis construyendo el escenario para que él pueda acompañaros en este viaje. El siguiente capítulo os ayudará a explorar cómo compartirlas.

SEGUNDA PARTE

Compartir el mindfulness con vuestro hijo

3

Ayudar a vuestro hijo a encontrar a su maestro zen interior

Se dice que los niños son como pequeños maestros zen. La primera vez que lo oí, casi escupo el café. Con frecuencia, mis hijas más parecen pequeñas ponis brincadoras con una sobredosis de cafeína que serenas líderes espirituales. Sin embargo, cuando empecé a entender lo que era el mindfulness, a percibir mi propia experiencia con bondad y curiosidad y a encontrar una fuente interior de paz y estabilidad en medio del continuo caos de la vida, me di cuenta de que mis hijas tienen la habilidad de ser plenamente conscientes y, cuando están lejos de serlo, de desafiarme a mí a serlo. Jon Kabat-Zinn lo describió maravillosamente cuando dijo: «Un maestro zen cuestionará continuamente tus límites para que dispongas de innumerables ocasiones para practicar y mantener la claridad y el equilibrio emocional. Los niños, por naturaleza, cuestionan y desbaratan todo lo que sabes, y esas serán grandes oportunidades para ti de enfocar la conciencia plena en las situaciones» (Kailus, 2014). Ejemplificar una actitud de aceptación, curiosidad y amabilidad es una forma muy eficaz de enseñar estas habilidades a nuestros hijos. Reconocer cuándo ya lo están haciendo por sí mismos y apoyarlos en esos momentos es otra forma importante de ayudarlos a desarrollar una actitud mental consciente. Este capítulo trata sobre estas dos prácticas, pero primero describiré un ejemplo de cómo los niños pueden ser sus propios maestros zen.

Mi hija empezó hace poco el parvulario en una escuela bilingüe de inmersión lingüística. Dos de sus profesoras no le hablarían en inglés, así que cuando la pequeña comprendió que no las entendería, empezó a sentir pánico. Se pasó la última semana preocupada, llorando y diciéndonos que no quería ir al parvulario. Yo comprendía su inquietud. Empezar el colegio ya es bastante aterrador sin el estrés añadido de que te hablen en un idioma desconocido. No hace falta decir que dejarla allí el primer día no fue agradable. Cuando me disponía a irme, se agarró a mí llorando. Sin embargo, cuando la recogí por la tarde, saltó a mis brazos y me preguntó si podía quedarse a las actividades extraescolares y también regresar al día siguiente. Más tarde, le pregunté acerca de las profesoras que no le hablaban en inglés. Ella dudó un momento y contestó: «Bueno, creo que tendré que averiguar qué dicen. Intentaré prestar atención y buscar pistas.»

Mi hija no lo sabía, pero en ese momento estaba enfocando la situación con una actitud consciente. No hizo ningún ejercicio de respiración ni ninguna meditación guiada, y yo no tuve nada que ver en su reacción. A pesar de eso, aplicó dos de las prácticas centrales del mindfulness: la aceptación y la curiosidad. Dejó de luchar contra su nueva realidad y aceptó el hecho de que asistiría a aquel colegio y que sus profesoras le hablarían en otro idioma. A partir de ahí, fue capaz de elegir su comportamiento y decidió que se interesaría en averiguar lo que le decían. Mi papel en aquella situación consistió en apoyar a mi hija y sentir curiosidad por su experiencia, y lo hice escuchándola con atención y preguntándole qué clase de pistas buscaría.

INTENTAD ESTO: Diez minutos conscientes

Dedicad diez minutos a ser plenamente conscientes con vuestro hijo. Quizás os funcione mejor cuando esté inmerso en algún juego, pero puede ser en cualquier momento. Simplemente, permaneced con él. No le preguntéis qué está haciendo, no lo juzguéis ni le hagáis sugerencias. Solo centraos en vuestra propia experiencia y en la de vuestro hijo. Cuando os deis cuenta de que vuestra mente se evade al lavavajillas aún a la espera de ser vaciado, a una llamada telefónica pendiente o al programa televisivo que deseáis ver, sed conscientes de esos pensamientos dispersos y redirigid la atención a vuestro hijo. Fijaos en lo que sucede y en cómo os sentís cada vez que lo hagáis.

Fomentar los momentos conscientes

Estoy segura de que habéis visto a vuestro hijo en algún momento consciente. Quizá mientras construía la torre de Lego más alta del mundo, os contaba una imaginativa historia acerca de las hadas que viven en su mesilla de noche o estaba centrado en escuchar su canción favorita, o incluso cuando estaba en el campo de fútbol a punto de marcar un gol. Aunque estas situaciones no parecen especialmente conscientes, sí que lo son. Cuando vuestro hijo está centrado y absorto en una sola cosa, sin juzgarse ni desear que algún detalle sea distinto, de hecho está practicando el mindfulness aunque no esté sentado en el suelo con las piernas cruzadas y los ojos cerrados. Cuando muestra interés por el mundo que lo rodea, deshace un plátano entre los dedos para averiguar qué textura tiene, se detiene para observar una flor que crece en una grieta del asfalto o formula preguntas sobre lo que ocurre cuando morimos, por qué tenemos que comer vegetales o cómo es el cuerpo humano, de hecho está siendo curioso de una forma consciente acerca del mundo en que vive. Por último, cuando es consciente y se preocupa por los sentimientos, salud o bienestar de otra persona, cuando le da uno de sus juguetes favoritos a un hermano que está llorando, dibuja una felicitación para el cumpleaños de un amigo o visita a un amigo enfermo después de clase, de hecho está poniendo en práctica la compasión consciente.

Esos momentos son importantes por varias razones. Cada vez que nuestros hijos están concentrados, sienten curiosidad, son creativos o demuestran compasión, están aprendiendo a prestar atención y darse cuenta de lo que ocurre en su interior y a su alrededor; están aprendiendo a establecer conexiones, pensar de formas distintas y responder con habilidad a situaciones aburridas, difíciles o que constituyen un reto para ellos; están practicando la empatía y la amabilidad hacia ellos mismos y los demás, y se están centrando en su propia experiencia interior para encontrar inspiración, guía y calma en lugar de esperar que alguien lo haga por ellos. Cuanto más a menudo practiquen estas actitudes, más capaces serán de ponerlas en práctica en el futuro, porque esos actos aparentemente nimios desarrollan y fortalecen las conexiones neuronales de las zonas de su cerebro asociadas a esos hábitos y habilidades.

Estas son solo algunas de las razones por las que es importante practicar el mindfulness con nuestros hijos cuando están tranquilos, se sienten felices y se están portando bien. La otra razón es que en esos momentos es más probable que se muestren receptivos a lo que intentemos enseñarles. Cuanto más practiquen esas habilidades en los buenos momentos, más podrán utilizarlas en los difíciles. Como expresó en una ocasión uno de mis profesores de mindfulness, «no existe lo que podríamos llamar la meditación en la crisis».

Conforme nuestros hijos mejoran en la práctica del mindfulness en los momentos tranquilos de la vida diaria, más probable es que puedan acceder a esas habilidades cuando necesitemos que lo hagan: cuando les domine el enfado, el miedo, la ansiedad o la tristeza. Enseñarle activamente a vuestro hijo las ideas y prácticas del mindfulness forma parte de este proceso y lo trataremos más extensamente en capítulos posteriores. Sin embargo, vuestros esfuerzos se verán más recompensados si, para empezar, os dais cuenta de las ocasiones en que el niño está siendo su propio maestro zen y lo apoyáis en ese trance o, como mínimo, no os interponéis en su experiencia.

Esto parece bastante sencillo y lo es, pero no necesariamente fácil porque, a menudo, los niños eligen sumirse en el momento presente precisamente cuando queremos que se centren en el siguiente, que normalmente implica algo como poner la mesa o hacer algún recado. O puede que su curiosidad nos haga sentir incómodos, sobre todo si nos preguntan acerca de Dios, el sexo o las rayitas moradas que tenemos detrás de los muslos y de las que preferiríamos no hablar, gracias. Si no somos conscientes de esos momentos, no nos damos cuenta de lo importantes que son o no tenemos la energía suficiente para hablar de esos temas, lo más probable es que los echemos a perder y arrastremos a nuestros hijos a nuestra propia experiencia. Como el padre de dos niños pequeños describió elocuentemente, «es como si hoy en día nuestra tarea como padres consistiera en borrar esos impecables momentos de plena conciencia, como si se tratara de manchas; enseñarles a sentirse culpables por sus errores pasados y a vivir con la presión de los plazos futuros; inculcarles un ritmo acelerado y un movimiento continuo hacia delante, y enseñarles a decir adiós al momento presente mientras corren hacia algún otro lugar. Básicamente, les extirpamos la habilidad de vivir el presente hasta que se convierten en adultos frustrados que, con el tiempo, se gastarán una fortuna en libros de autoayuda para recuperarla, lo que resulta bastante absurdo» (Chai, 2012).

No digo que debamos dejar de lado las tareas, los deberes u otras ocupaciones y seguir como si nada con nuestra vida porque nuestro hijo está ocupado construyendo un barco pirata de Lego, pintando una tarjeta de felicitación o siente curiosidad por cómo vuelan los helicópteros o por qué se han divorciado mamá y papá. Es tarea nuestra enseñarles a ser puntuales, a pasar de una actividad a otra lo más suavemente posible y a responder a las demandas de otras personas aunque les resulten inconvenientes o molestas. Esos aprendizajes están entretejidos en el ritmo de la cotidianidad y también constituyen oportunidades para que practiquen la aceptación de lo que está ocurriendo (como cuando mamá les pide que se pongan los zapatos) y, desde ese lugar de aceptación, elijan su comportamiento (¡por favor, por favor, elige ponerte los zapatos!). Sin embargo, como muchos sabemos sobradamente, el desplazamiento continuo de una actividad a otra y la constante presión de tener que terminar tareas, etcétera, tienen lugar lo queramos o no. Rara vez tenemos que recordarnos a nosotros mismos que debemos sentirnos estresados o apresurados durante la jornada, pero sí que necesitamos recordarnos, y también a nuestros hijos, que podemos ir más despacio, prestar atención y sentir interés por el mundo que nos rodea. Esta es una de las razones por las que la práctica diaria del mindfulness es tan importante.

Cuando vuestro hijo tiene una actitud mental consciente

Aunque cualquier actividad, desde limpiar la casa hasta lavarse los dientes, constituye una oportunidad para ejercitar la toma de conciencia intencionada, hay cinco prácticas específicas, cinco formas de estar en el mundo, que son fundamentales para el mindfulness. No siempre es fácil saber si vuestro hijo está viviendo una situación con conciencia plena, pero hay cinco preguntas que podéis formularos en una especie de minivaloración de la situación y que os ayudarán a averiguarlo:

1. ¿Está centrado en una sola cosa?

2. ¿Está siendo creativo respecto a la actividad que está realizando, en su forma de pensar respecto a la situación que está viviendo o en la resolución del problema que se le plantea en ese momento?

3. ¿Siente curiosidad respecto a su propia experiencia, por una situación que le resulta difícil o por la opinión de otra persona?

4. ¿Muestra compasión hacia sí mismo y los demás, incluidos los animales y demás seres vivos?

5. ¿Guarda silencio? La respuesta a esta pregunta puede ser engañosa, porque algunos niños son, por naturaleza, más callados que otros y un niño puede permanecer sentado y en silencio y estar sufriendo interiormente. De todas formas, es una buena pregunta y un buen punto de partida.

Prestad atención a si se dan estos factores: concentración, creatividad, curiosidad, compasión y silencio. Cada uno de ellos constituye un indicio de que vuestro hijo está viviendo un momento de conciencia plena. Una aclaración importante: nada de esto es aplicable si vuestro hijo está viendo la televisión o interactuando con una *tablet* o el *smartphone*. Mientras ve un programa o contempla una pantalla, puede que esté callado y parezca concentrado, pero en realidad está como atontado. No está conectado con su propia experiencia de una forma consciente.

Concentración

La concentración o la capacidad de mantener la atención durante un período de tiempo determinado es una habilidad fundamental del mindfulness; y cuántos padres desearían que sus hijos la tuvieran más desarrollada. También constituye una práctica en el sentido de que, cuanto más la ejercitamos, más expertos nos volvemos en ella. No está necesariamente relacionada con pensar mucho o esforzarse mucho en resolver algo, sino que consiste en mantener la atención enfocada en una única cosa, sea la que sea, y darse cuenta de cuándo la mente se ha distraído para, así, volver a enfocarla. Sobra decir que esta habilidad no solo es sumamente valiosa para los niños en clase, el auditorio o el campo de deportes, sino también en los momentos en que experimentan emociones intensas. La mayoría de las veces intentamos distraernos, ignorar o evitar las emociones difíciles, como el enfado, la tristeza, la preocupación o el aburrimiento. Estas emociones pueden aparecer en cualquier momento en la vida diaria de los niños, ya sea en el colegio, los entrenamientos o la hora de la comida. Cada vez que enseñemos a nuestros hijos a prestar atención a esas emociones, experimentarán el paradójico poder sanador que supone vivirlas en lugar de intentar escapar de ellas, y aprenderán que las emociones solo son emociones, que no son toda la realidad y que no duran para siempre. La mejor manera de enseñárselo es empezar por saber cuándo nuestro hijo está concentrado y no interrumpirlo. Si le cuesta centrarse en una experiencia difícil, la mejor forma de ayudarlo es responder a su dificultad con curiosidad y compasión.

INTENTAD ESTO: Juegos de concentración

Hay varios juegos y actividades que pueden ayudar a vuestro hijo a desarrollar la habilidad de la concentración. Entre ellos están los juegos de memoria, los rompecabezas, los bloques de construcción, los pasatiempos consistentes en buscar figuras ocultas o errores en un dibujo, o las manualidades como tejer o colorear mandalas, que son dibujos de diseño circular y formas repetidas.

Creatividad

Aunque la creatividad no forma parte de la definición formal del mindfulness, es una facultad relevante y tan presente en la experiencia infantil que merece la pena tenerla en cuenta. Así lo percibo en mi hija mayor, a quien le encanta dibujar. Se esfuerza mucho en sus dibujos, que son detallados y versan sobre cualquier cosa que pase por su mente: niños jugando, hadas volando, desfiles de animales e incluso lo que sueña por las noches. Mi hija posee buenas habilidades artísticas para ser una niña de cinco años, pero no deja de tener la edad que tiene. Aun así, nunca me ha dicho que haya algo que no puede dibujar; no tiene en su mente una voz perfeccionista que le dice que no sabe pintar alguna cosa o que no es lo bastante buena. Pone el lápiz sobre el papel y lo hace lo mejor que puede. ¡Esto es mindfulness en acción!

Como es lógico, a menudo sus dibujos reflejan algo que le está costando o que intenta comunicar. Me acuerdo de una ocasión en que tenía unos tres años y por algún motivo se enfadó mucho conmigo. Tomó un grueso rotulador gris y garabateó en una hoja en blanco. Aquel episodio me ayudó a comprender que, en los niños, la creatividad constituye una ventana a su mundo interior que puede ayudarnos a entenderlos mejor y acompañarlos en lo que están pensando y sintiendo.

Cada vez que mis hijas dibujan o se enzarzan en otra actividad creativa, están preparando el entorno para varios factores relevantes en la experiencia consciente. En primer lugar, se están concentrando en una única cosa, lo que es fundamental para el mindfulness. En segundo lugar, están sintiendo curiosidad por algún aspecto de su propia experiencia o del mundo que las rodea; se están preguntando qué es posible, qué pueden crear, hacer o imaginar por sí mismas sin la guía o las sugerencias de otras personas. Y, por último, tanto si se dan cuenta como si no, se están tratando con compasión y amabilidad, ya que ambas actitudes son necesarias para que el proceso creador continúe. Pensad en lo que ocurre cuando vuestro hijo se juzga duramente o compara sus habilidades con las de otro. Me imagino que, la mayoría de las veces, acaba dándose por vencido.

En realidad, la creatividad no solo está relacionada con el arte, la música o los juegos de bloques, aunque sí es verdad que para muchos niños empieza a desarrollarse gracias a estos medios. La creatividad también está relacionada con una forma nueva de pensar en clase, de moverse en el campo de deportes o de reaccionar ante un amigo o un miembro de la familia. Se manifieste como se manifieste en nuestros hijos, es tarea nuestra darnos cuenta de cuándo se está produciendo y apoyar ese proceso.

INTENTAD ESTO: Dibujar la emoción

Esta es una forma maravillosa de ayudar a vuestro hijo a reconocer e identificar las emociones. Podéis empezar leyendo un libro que trate sobre las emociones y hablar de ellas con el niño. A partir de ahí, podéis darle papel y rotuladores y pedirle que dibuje distintas emociones, o el contorno de un cuerpo y el sitio donde cada emoción vive y qué aspecto tiene. Intentad no juzgarlo ni corregirlo y, si queréis saber algo más acerca de lo que está dibujando, podéis pedirle que os lo explique. Como tantas otras actividades descritas en este libro, esta funcionará mejor si la realizáis junto con vuestro hijo.

Curiosidad

«¿Por qué?» y «¿Cómo lo sabes?» son dos de las preguntas más comunes en mi casa últimamente, y no os mentiré, a menudo me hacen desear darme de cabeza contra la pared. Aunque a veces mis hijas me las formulan con el único objetivo de provocarme, a menudo reflejan una curiosidad genuina. Quieren saber cómo funciona el mundo o por qué no funciona, y cómo he aprendido lo que sé o por qué no sé algo.

Aunque estoy cansada de contestar este tipo de preguntas, intento tomármelas en serio, porque la curiosidad es una habilidad poderosa y quiero que mis hijas la cultiven. Se trata de una parte importante del proceso de aprendizaje y una habilidad vital de valor incalculable. La curiosidad es el deseo de aprender o saber más acerca de algo o alguien, y no podemos experimentarla si estamos utilizando nuestra energía mental en luchar contra esa persona o situación, juzgarla o desear que sea distinta. Cada vez que vuestro hijo muestra curiosidad, significa que ha aceptado lo que está ocurriendo y ha decidido interesarse por ello. Desde esa posición de apertura e indagación, es probable que aprenda algo nuevo acerca de sí mismo, de los demás o del mundo que lo rodea. En esos momentos, lo mejor que podéis hacer es compartir su interés o, como mínimo, no frustrar su experiencia dándole respuestas tajantes, diciéndole cómo tiene que manejar la situación o actuando en su lugar.

INTENTAD ESTO: Formular preguntas en los momentos difíciles

A menudo los niños acuden a nosotros con situaciones confusas o difíciles que no tienen una solución clara. Quizá se trate de un dolor de barriga que no desaparece, un amigo que ha hecho trampas jugando en el patio o un brote inexplicable de tristeza. Puede que nuestro primer impulso consista en solucionar el problema. Cuando podemos solucionarlo, estupendo; pero cuando no podemos, la curiosidad es una respuesta empática y efectiva. Si le formulamos preguntas abiertas sobre su experiencia y, a continuación, escuchamos y aceptamos sus respuestas, sean cuales sean, le transmitimos que nos importa y que no nos asusta lo que está pensando o sintiendo. Además, esta es una excelente manera de representar para él una actitud curiosa y consciente hacia la vida. Y disfrutaréis de un beneficio extra: al explorar la situación, quizá todos comprendáis mejor lo que está sucediendo y se os ocurra cómo actuar a continuación.

Compasión

Supongo que es posible que un niño sea totalmente consciente, esté centrado y actúe de forma intencionada mientras pega a su hermano, pero eso no es mindfulness. La compasión o conectar con la experiencia de alguien que está sufriendo y querer apoyarlo o ayudarlo constituye un aspecto fundamental de la actitud mental consciente. Queremos que nuestros hijos aprendan a ir más despacio y adopten una actitud de aceptación respecto a lo que está sucediendo para que puedan elegir y seguir adelante con habilidad, conciencia y compasión. Esto puede suponer acciones como guiar hacia fuera un insecto atrapado en casa, ayudar a un hermano con una tarea escolar difícil, decidir cuidar de uno mismo o, como dijo Tyran Williams, no propinarle un puñetazo a alguien. También puede significar tener pensamientos amables hacia otra persona y desear que las cosas le vayan bien.

Cómo enseñarle a vuestro hijo la importancia de la

bondad y cómo ponerla en práctica más a menudo será un tema recurrente en este libro. De momento, fijaos cuando vuestro hijo esté cuidando a alguien o a sí mismo y comentadlo con él. No tenéis que hacer aspavientos ni deshaceros en elogios, pero el hecho de comentarlo en voz alta refuerza enormemente esta valiosa forma de estar en el mundo.

INTENTAD ESTO: Todos cometemos errores

Una de las formas más efectivas de cultivar la compasión hacia nosotros mismos y hacia los demás es recordar que no somos los únicos en ser imperfectos. Cuando algo os salga mal a vosotros o a vuestro hijo, compartid con él alguna de vuestras equivocaciones de una forma sincera y con aceptación, y recordadle que todo el mundo comete errores. Nadie es perfecto y no pasa nada. Esta simple verdad es muy poderosa, aunque podemos olvidarla fácilmente.

Silencio

«¿Queréis escuchar música?»

La mayoría de los días les formulo esta pregunta a mis hijas en el coche camino de casa. Y la mayoría de las veces contestan que no. Después del largo día, prefieren permanecer en silencio y mirar por la ventanilla. Su actitud solía preocuparme: «¿Cómo aprenderán a apreciar la música si no la escuchan?» Sin embargo, con el tiempo llegué a valorar y apoyar su deseo de disfrutar de unos momentos de silencio en medio de un día agotador, ya que prácticamente nada en la vida actual nos invita a la reflexión silenciosa.

El silencio es sumamente importante para los niños. Tanto por lo que sucede cuando consiguen mantenerse en silencio como por lo que sucede cuando no lo consiguen. Un flujo constante de ruido reclama su atención en distintas direcciones y los distrae de lo que está sucediendo en su mente y su cuerpo, y, aunque no se den cuenta, demasiado ruido puede incrementar sus niveles de estrés. Si nuestros hijos están siempre escuchando las voces de otras personas, ni siquiera sabrán cómo suenan las suyas propias, qué piensan, quieren y necesitan realmente y qué es importante para ellos. Y si están hablando constantemente, si cada pensamiento que cruza por su mente sale por su boca, probablemente perderán la oportunidad de valorar sus pensamientos antes de compartirlos con los demás. Una de las lecciones más valiosas que podemos enseñarles es que los pensamientos no son más que pensamientos; no son toda la realidad ni necesariamente acertados, y no tenemos por qué prestarles la misma atención a todos. Unos instantes de reflexión silenciosa nos ofrecen el tiempo y el espacio suficientes para darnos cuenta de nuestros pensamientos y decidir cuáles merece la pena retener y cuáles no.

Si rezamos y meditamos en silencio es por una razón: porque nos ayuda a aquietar la mente y el cuerpo y, así, tener la oportunidad de conocernos un poco mejor. Unos instantes de silencio pueden ayudar a vuestro hijo a tranquilizarse y centrarse en los momentos difíciles siempre que lo haya practicado anteriormente. Pero no resulta fácil; los pensamientos que surgen en esos momentos suelen ser desagradables o nos producen miedo, y el silencio puede resultarnos aburrido. Es por esto que debemos crear oportunidades para que nuestros hijos experimenten el silencio y respetar esos momentos. Esto puede constituir un reto tanto para nosotros como para ellos. A menudo, deseo hablar con mi hija en el coche camino del colegio o poner música cuando llegamos a casa, pero me contengo. Cuantas más veces dejemos que nuestros hijos estén en silencio más fácilmente lo lograrán, y esta es una habilidad que les será muy útil a lo largo de la vida.

INTENTAD ESTO: Meditación de escucha de dos minutos

Si los niños no están acostumbrados a permanecer en silencio, puede resultarles difícil. Convertirlo en un juego puede ayudarles. Programad una alarma para un lapso de uno o dos minutos y pedidle a vuestro hijo que escuche hasta que se active. Decidle que, si quiere, después podrá explicaros lo que ha oído. A los niños más pequeños es mejor darles directrices, como pedirles que presten atención a dos o tres sonidos y que, cuando suene la alarma, hablen sobre ellos.

Cómo responder a los momentos conscientes de vuestro hijo

Quizá ya os he convencido de que, de vez en cuando, vuestro hijo es capaz de acceder a su buda interior. Cuando veáis que ocurre, vuestra tarea consistirá en encontrar formas de apoyarlo en esos momentos de entrenamiento zen, por muy breves que sean. El éxito dependerá de cómo reaccionéis. Sea cual sea la situación, las mejores reacciones posibles consistirán en conectar, sentir curiosidad o ser compasivos. Si no podéis adoptar ninguna de estas actitudes o si ninguna de ellas os parece adecuada en ese momento, siempre podéis guardar silencio. Si todo esto le resulta un poco complicado a vuestro cerebro embrollado y falto de sueño de padre, he aquí la versión corta: daos cuenta y sed amables, o echaos a un lado. En serio. A veces, siento que debería conectar e involucrarme con mis hijas, pero no tengo ni las ganas ni la energía suficientes. Cuando esto ocurre, lo mejor que puedo hacer es evitar regañarlas, hacerles sugerencias, criticarlas o quejarme, ya que estas reacciones las distraerían de aquello en lo que están concentradas. Sin embargo, el resto de las veces intento buscar el tiempo y el espacio que necesitan para ser las maestras zen que sé que pueden ser, darme cuenta de lo que están haciendo y reaccionar con curiosidad y compasión.

Conectar

Una escena habitual en mi rutina matutina: les digo a mis hijas que se pongan los zapatos. Ellas están coloreando, leyendo o jugando, totalmente inmersas en la experiencia, de modo que no me oyen. O elijen no hacerlo. Les repito que se pongan los zapatos, esta vez con más tensión en la voz. Entro en la cocina para acabar de prepararles el desayuno. Inevitablemente, me siento estresada por tener que llevarlas puntualmente al colegio, así que les grito que se pongan los zapatos ¡ya! Como mínimo, la mitad de las veces ya se los están poniendo, así que, a su vez, ellas me gritan. Entonces les digo, gritando, que no me griten y en cuestión de pocos minutos una mañana relativamente tranquila se ha convertido en un combate de gritos por nada. Y todo porque no dediqué un momento a asomar la cabeza y comprobar si estaban haciendo lo que les había pedido.

Conectar con la experiencia de los hijos puede implicar un cambio importante en vuestras interacciones. Crear el tiempo y el espacio que ellos necesitan para actuar por sí mismos es importante, pero es poco probable que lo consigamos con regularidad si, para empezar, no sabemos cuándo están actuando conscientemente. Para que esto suceda, tenemos que conectar con su experiencia, lo que implica dedicar unos instantes a darnos cuenta de lo que están pensando, sintiendo o haciendo. Centrar la atención en ellos el tiempo suficiente para ver qué está sucediendo es nuestra mejor baza para reaccionar de forma intencionada y consciente. Como en muchas otras prácticas de mindfulness, suena ridículamente sencillo. Y lo es, pero con las prisas de un día ajetreado, nuestra atención está dividida entre nuestros pensamientos y nuestras interacciones con nuestros hijos, y entonces es fácil que lo olvidemos.

Sin duda, en numerosas ocasiones, de hecho muchas a lo largo del día, seremos conscientes de lo que están haciendo nuestros hijos y, a pesar de ello, nos veremos obligados a reñirles para que se vistan, se laven, recojan los juguetes o lo que sea. Dedicar un momento a conectar con su experiencia parece algo obvio y lo es; sin embargo, muchos nos saltamos la parte de la conexión y continuamos con las actividades diarias a toda prisa. En cualquier caso, siempre que podamos ir más despacio y ver qué están haciendo y siempre que recordemos por qué es importante que conectemos con su experiencia y admitamos ante ellos que su actividad es valiosa antes de dirigirlos a otra, estaremos dando un paso importante tanto en su entrenamiento de mindfulness como en el nuestro.

INTENTAD ESTO: Respirar un par de veces antes de concederle un par de minutos

La mayoría de los padres que conozco conceden a sus hijos dos minutos antes de irse de una fiesta, sentarse a la mesa a comer o acostarse. Concederles un margen de tiempo es una buena idea, ya que les permite terminar lo que están haciendo y prepararse mental y físicamente para la siguiente ocupación. Pero a menudo lo hacemos sin darnos cuenta de qué están experimentando ellos en ese momento y, en consecuencia, nuestras intervenciones quizá no son tan efectivas como podrían. Así que, la próxima vez que estéis dispuestos a concederle a vuestro hijo un margen de dos minutos, primero respirad un par de veces de forma intencionada y consciente; centraos; dedicad un minuto a daros cuenta, realmente, de qué está experimentando el niño; valoradlo; decídselo y, solo después, explicadle qué tiene que hacer a continuación.

Sentir curiosidad

Quizá ya habéis empezado a conectar con la experiencia de vuestro hijo y os dais cuenta de cuándo está concentrado, es creativo, curioso o compasivo, o está sentado en silencio o jugando tranquilamente. Vuestros tres pasos siguientes, o sea, sentir curiosidad, ser compasivo y permanecer en silencio, están relacionados con la forma de reaccionar y acompañar a vuestro hijo cuando veis que tiene una actitud de atención consciente.

Mi sugerencia es que adoptéis su misma actitud. El primer paso es conectar, que consiste en darse cuenta y aceptar lo que él está experimentando. A partir de ahí, podéis sentir curiosidad, ya sea mentalmente o en vuestra forma de hablar con él, lo que os resulte más apropiado para el momento. Si se muestra interesado en comentaros lo que está experimentando, podéis responder escuchándolo y formulándole preguntas, pero si está totalmente inmerso en lo que está haciendo, simplemente podéis daros cuenta y preguntaros sobre ello en silencio para no interrumpir su experiencia.

Os animo a que, como norma, le formuléis preguntas abiertas que provoquen respuestas creativas, no las que incitan a contestar con un sí o un no. Con los más pequeños, suelen funcionar mejor las preguntas concretas y específicas, como «¿Qué estás construyendo con esos bloques?», mientras que obtendréis respuestas más interesantes de vuestros hijos mayores si les formuláis preguntas más generales, como «¿Qué estás haciendo?» o «¿Puedes explicarme algo más sobre lo que estás haciendo?». Resulta útil ir variando las preguntas. Hay una razón por la que la pregunta «¿Cómo te ha ido el colegio hoy?» suele provocar como respuesta un mecánico «Bien». Una pregunta aburrida suele obtener una respuesta aburrida, sobre todo si se formula tan a menudo que, al final, no significa nada.

Si los padres nos paramos a pensar qué despierta nuestra curiosidad, es más probable que formulemos preguntas interesantes a nuestros hijos. Por ejemplo, supongamos que un día no estoy interesada en saber qué ha hecho mi hija en el colegio en general; seguro que ha jugado, ha realizado alguna actividad, ha hecho pipí muchas veces y se ha comido la mitad del bocadillo, lo que, en ese momento, no me resulta especialmente importante. Lo que quiero saber es si ha hecho algo nuevo, algo que le haya resultado interesante, le haya supuesto un reto o la haya conmovido. Quiero saber si ha sido amable con una amiga o viceversa, o si algo la ha asustado o emocionado. En este caso, necesito encontrar las preguntas adecuadas para saber lo que quiero.

Os sugiero que, la próxima vez que sintáis curiosidad por algo que le haya pasado a vuestro hijo, compartáis vuestro interés con él de una forma motivadora. Si no lo conseguís porque vuestro cerebro está frito o estáis demasiado cansados para sentir interés por nada, está bien, simplemente, guardad silencio y escuchad. Al final empezará a hablar, o vosotros conseguiréis relajaros y podréis formularle preguntas.

INTENTAD ESTO: No preguntar por qué

Como he comentado antes, la pregunta «¿por qué?» es bastante común en mi casa, pero no siempre la formulan mis hijas. Muchas veces, resulta tentador preguntar por qué, como si conocer la respuesta fuera a solucionar todas las dificultades relacionadas con cierta situación. Responder a esta pregunta puede constituir un reto para los niños, sobre todo cuando acaba de ocurrir algo o han vivido una experiencia especialmente difícil para ellos. De hecho, con frecuencia ni los niños ni los adultos tenemos una respuesta clara a esa pregunta. No siempre podemos explicar nuestro comportamiento, sobre todo si en ese momento no teníamos una actitud mental muy consciente. En lugar de preguntarle a vuestro hijo por qué, intentad utilizar alguna de estas alternativas:

- ¿Qué ocurrió?
- ¿Qué hiciste tú?
- ¿Cómo reaccionaste?
- ¿Qué sentiste en esa situación?
- ¿Qué opinas sobre lo que ocurrió?
- ¿Qué notaste en tu cuerpo?
- ¿Qué te sorprendió de esa situación?
- ¿Qué crees que funcionó bien?
- ¿Qué no funcionó especialmente bien?
- ¿Qué querrías hacer la próxima vez que ocurra algo parecido?
- ¿Qué querrías hacer la próxima vez de una forma diferente?
- ¿Qué necesitas de mí?
- ¿Qué puedo hacer para ayudarte?

Es importante que, al formular estas preguntas, te des cuenta de si esperas o deseas una respuesta específica. Si es así, probablemente vuestro hijo percibirá tus expectativas y te dirá lo que quieres para desembarazarse de ti o desconectará por completo de la situación. Si puedes librarte de tus expectativas y sentirte genuinamente curioso por la experiencia de vuestro hijo, conseguirás tener una interacción más significativa y sincera con él. Y recuerda que la curiosidad consciente puede ejercerse en voz alta o por medio de una presencia silenciosa.

Mostrar compasión

La compasión puede parecer un concepto de grandes alturas, algo perteneciente al mundo del Dalai Lama o la Madre Teresa, una práctica que requiere un corazón puro y una gran sabiduría. Sin embargo, no es tan solemne y no tenemos que ser unos santos para practicarla con regularidad y experimentar sus efectos. Solo consiste en recordar que todos estamos juntos en esto. Me refiero a ver cuándo nuestros hijos están sufriendo o esforzándose y mostrar interés, calidez, amor o amabilidad hacia ellos. Con esto no quiero decir que la compasión sea siempre fácil. Antes de ser madre, creía que solo sentiría un flujo constante de pensamientos felices y positivos hacia mis queridos hijos.

Como cualquiera que haya sido padre durante más de dos días puede contar, criar hijos resulta agotador, exasperante, a veces aburrido, y en ocasiones nos produce rabia e incluso nos cuesta conectar con los sentimientos de amor y amabilidad que albergamos hacia ellos. Esto nunca es más cierto que cuando los niños atraviesan un momento difícil. Cuando mis hijas se sienten tristes o enfadadas, mi reacción instintiva puede consistir en intentar que se sientan mejor o conseguir que me dejen tranquila hasta que se sientan mejor, y así no tener que enfrentarme a su dificultad. Sin embargo, soy una persona adulta con un córtex prefrontal plenamente desarrollado y toda una vida durante la que he aprendido a enfrentarme a las situaciones desagradables. Por otro lado, mis hijas son pequeñas, sus cerebros todavía se están desarrollando, aún no saben cómo responder ante los retos y necesitan mi ayuda para averiguarlo.

Cuando uno de nuestros hijos esté experimentando un momento consciente o uno difícil, la reacción más acertada y empática que podemos tener es ser amables con él. Hay muchas formas de hacerlo. Una de ellas es sentarnos cerca de él con una presencia tranquila y centrada. O quizá nuestro hijo necesite acurrucarse en nuestros brazos o acomodarse en un lugar confortable con su manta o juguete favorito. O que le hablemos sobre alguna ocasión en que también nosotros cometimos un error, un amigo nos hizo daño o perdimos a una mascota querida, para así no sentirse tan solo. O que le recordemos que, por muy confuso, aterrador o caótico que parezca el mundo, nosotros estamos ahí, cuidaremos de él y no desapareceremos.

Una precisión: la compasión no es lo mismo que la alabanza. A la compasión le acompaña un sentimiento de unión. La amabilidad que acompaña a la compasión dice: «Comprendo lo que estás experimentando, yo también he pasado por ello y, sea lo que sea, está bien.» Y otras veces dice: «No sé qué estás pensando o qué te pasa en realidad, pero quiero saberlo y estaré a tu lado hasta que lo averigüemos.» En ocasiones, la compasión puede expresarse de una forma tan sencilla como: «Te quiero pase lo que pase.» Básicamente, la compasión consiste en acompañar de verdad a nuestro hijo en su experiencia de una forma amable y empática.

La alabanza es algo totalmente distinto: implica juzgar si nuestro hijo ha actuado bien o no y cambiar el foco de atención de estar simplemente con él a evaluarlo, lo que puede provocarnos ansiedad a los dos, incluso si le decimos que ha actuado bien. Esta actitud sería exactamente lo contrario a la aceptación que intentamos cultivar y compartir con él en esos momentos. No me malinterpretéis, por supuesto que hay momentos y lugares en los que es adecuado reconocer positivamente la labor o actitud de nuestro hijo, pero no son estos.

INTENTAD ESTO: Enviarle un poco de amor

A veces no resulta fácil ser compasivos con nuestro hijo. Quizá nos está molestando, hemos tenido un día complicado, estamos exhaustos o frustrados, tristes o enfadados. Nos sucede a todos. Cuando ocurra algo así, intentad enviarle amor a vuestro hijo en silencio, como se describe en la práctica del amor-bondad en el capítulo 2. Podéis repetir mentalmente frases como «Espero que te sientas feliz. Espero que te sientas amado». Si estas palabras en concreto no os inspiran, elegid otras. En este caso, el objetivo no es que vuestro hijo perciba lo que estáis pensando, sino que entréis en un estado mental y emotivo mejor. Quizás esto no funcione en el momento exacto, pero a la larga lo hará.

Guardar silencio

Lo he dicho antes y lo repetiré: a veces, lo mejor que podemos hacer para ayudar a nuestros hijos a cultivar su buda interior es tomar conciencia y no decir nada. Como el mindfulness, esta actitud es sencilla y, al mismo tiempo, nada fácil. La mayoría no estamos acostumbrados a movernos por la vida silenciosamente. Ni siquiera es algo que recomienden los libros sobre la paternidad. Desde que nuestros hijos nacen, se nos anima a hablarles continuamente, a leerles y cantarles y a hablar de nuestra vida en su presencia para que desarrollen buenas habilidades verbales. Aunque, sin duda, es importante que les hablemos y leamos, esos momentos tienen que estar equilibrados con otros de silencio; momentos en los que, simplemente, estemos presentes con ellos. No decir nada puede resultar útil tanto si nuestros hijos tienen una actitud centrada y tranquila como si están luchando contra algo o se sienten frustrados.

Una presencia tranquila y silenciosa puede servir de apoyo y resultar amorosa y no intrusiva. A veces, también puede ser lo mejor que uno puede hacer. Si sentís el impulso de regañar a vuestro hijo, sugerirle soluciones, criticarlo o animarlo, es mejor que respiréis varias veces, salgáis de la habitación o permanezcáis a la pata coja, lo que sea preciso para permanecer en silencio. No se trata de una mala práctica parental, os lo aseguro. Se trata de mantener la calma y, a veces, eso es exactamente lo que nuestros hijos necesitan para poder continuar con el importante trabajo que estén haciendo en ese momento, sea cual sea.

INTENTAD ESTO: Acordarse del mantra

Si os parecéis a mí, permanecer en silencio no os resultará fácil. Cuando siento el impulso de hablar, sugerir o animar a mis hijas, intento acordarme de una frase que se atribuye a Gandhi: «Habla solo si tus palabras mejoran el silencio.»

Repetir estas palabras como un mantra me empuja a prestar plena atención a lo que están experimentando mis hijas y yo misma y a deducir si mis palabras mejorarán ese momento concreto. La mayoría de las veces no es así. Sentíos libres para utilizar la frase que yo uso o buscar una que podáis repetir como mantra cuando creáis que es mejor guardar silencio que hablar.

Como ya sabréis, practicar el mindfulness no es precisamente fácil, y tampoco lo es enseñárselo a nuestros hijos. Afortunadamente, los niños vienen al mundo con una sorprendente capacidad para estar totalmente presentes en el aquí y ahora, para sentirse sumamente interesados en lo que sucede a su alrededor y en su interior y para preocuparse sinceramente por otras personas. Reconocer y honrar esos momentos en los que tenemos delante a un pequeño buda es el primer y más importante paso en el fortalecimiento de sus habilidades de mindfulness. Al fin y al cabo, es mucho más fácil desarrollar una habilidad que ya existe que destrozarla y empezar de cero. A partir de ese reconocimiento, podremos acondicionar espacios y colgar notas o recordatorios en nuestra casa que ayuden a nuestros hijos a desarrollar la conciencia plena siempre que sea posible. Explico cómo hacerlo en el siguiente capítulo.

4

Crear espacio en vuestras vidas para el mindfulness

Como he comentado en el capítulo anterior, los niños son perfectamente capaces de vivir el momento presente. Se sumergen plenamente en juegos, historias, dibujos, circuitos de tren, deportes o libros; sienten una gran curiosidad por el mundo que les rodea y son capaces de mostrar una gran bondad en formas que a menudo nos sorprenden. Es probable que nuestros hijos hagan todas estas cosas independientemente de lo que nosotros hagamos, pero, a la larga, las experiencias y las responsabilidades de la vida —los horarios, los deberes, las tareas, las amistades y todo lo demás— conspirarán para arrastrarlos al pasado y al futuro, a preocupaciones, arrepentimientos y miedos que constituyen el paisaje mental de la mayoría de los adultos. Nuestra tarea no consiste en protegerlos de esas realidades o solucionarlas para ellos cada vez que aparezcan, pero sí que podemos ayudarlos a desarrollar las habilidades necesarias para manejar esas situaciones de la forma más efectiva y consciente posible.

El primer paso consiste en crear y preservar oportunidades para que nuestros hijos puedan conectar y mantenerse en el momento presente. Podemos hacerlo reservando un tiempo y un espacio que les faciliten adoptar una actitud consciente cuando lo necesiten. La idea es crear una estructura en nuestra vida que proporcione a nuestro hijo el espacio mental, emocional y físico en que poder calmarse y centrarse él solo. Este capítulo trata sobre este objetivo.

Crear tiempo y espacio para la práctica del mindfulness

Hay tres formas principales de crear el tiempo y el espacio que nuestros hijos necesitan: reducir la marcha de nuestra vida diaria para ser más receptivos en los momentos de atención plena de los pequeños; reservar períodos de tiempo significativos para que los utilicen como deseen, y acondicionar espacios en la casa que les resulten tranquilizadores y relajantes. En este capítulo hablaré de cada una de estas formas y de cómo crear un lugar específico o un rincón de la calma para los niños que necesitan disponer de más espacio físico cuando experimentan pensamientos persistentes o emociones intensas.

Id más despacio

Aunque cualquier momento constituye una oportunidad para que nuestros hijos se centren y vivan el aquí y ahora, sea lo que sea lo que estén haciendo, la verdad es que no pueden tener constantemente una actitud consciente. Su cerebro funciona demasiado deprisa, tienen demasiadas cosas que hacer y, simplemente, se olvidan de estar presentes. Sin embargo, incorporar breves momentos de atención plena en la rutina diaria puede introducir grandes cambios en sus vidas. Una breve pausa para respirar juntos y admirar una puesta de sol, una flor o una mariquita; permitir que se esfuercen en atarse los cordones de los zapatos o los cinturones de seguridad o esperar a que deletreen una palabra en lugar de intervenir y hacerlo por ellos puede proporcionarles la suficiente calma, perspectiva y conciencia para vivir las experiencias diarias de la forma más hábil posible.

Cuando nos demos cuenta de lo importante que es esto, podremos elegir equilibrar los momentos de prisas, presiones y consejos con otros en los que puedan ser sencillamente ellos mismos, aunque sea durante un breve tiempo. Quizá nos cueste acordarnos de reservar momentos a la plena atención, así que recomiendo que incorporéis una estructura y unos recordatorios a vuestra vida diaria. La estructura puede consistir en iniciar los períodos de transición unos minutos antes para no ir con tantas prisas. Podéis adoptar el hábito de realizar tres respiraciones conscientes con vuestro hijo antes de salir de casa, descolgar el teléfono o empezar a comer. Cualquier costumbre diaria que adoptéis en este sentido puede dar lugar a unos instantes de conciencia plena, y podéis decidir ir más despacio en cualquier momento de cualquier actividad. El truco es incorporar estas prácticas como un hábito para que no se nos olviden.

Como en muchas de las actividades propuestas en este libro, el propósito de ir más despacio será más efectivo si le explicáis a vuestro hijo lo que intentáis hacer y por qué es importante. A partir de ahí, podéis pedirle que aporte ideas o sugerencias sobre cómo incluir momentos de calma a lo largo del día. ¿Quiere levantarse unos minutos antes por la mañana? ¿Recitar una bendición o unas palabras de agradecimiento antes de cenar? ¿Reservar cinco minutos para permanecer acurrucado y en silencio o respirando calmadamente al volver a casa? Seguramente, vuestro hijo aportará ideas en las que ni siquiera habíais pensado y, si dispone de cierto protagonismo en el proceso, es más probable que se acuerde y os ayude a acordaros.

INTENTAD ESTO: El juego de caminar despacio

En nuestro papel de padres, podemos presionar continuamente a nuestros hijos para que se den prisa y vayan más rápido porque tenemos muchas cosas que hacer. La próxima vez que dispongáis de un poco de tiempo libre, practicad con vuestro hijo el juego de caminar despacio. Elegid un lugar al que tengáis que ir y jugad a ver quién llega más despacio. La única regla es que hay que estar en continuo movimiento. Al final del juego, quizá queráis explorar con vuestro hijo cómo habéis vivido la experiencia de moveros lentamente. ¿Cómo os habéis sentido? ¿Qué diferencias habéis percibido en comparación con cuando os movéis deprisa?

Reserva tiempo libre todos los días

Resulta difícil exagerar los beneficios que obtienen los niños al disponer de tiempo para jugar, explorar o incluso aburrirse un poco sin que alguien les esté diciendo lo que tienen que hacer, recordándoles las normas o guiándoles al realizar un ejercicio. Los niños necesitan tiempo para ser creativos, para conocerse a ellos mismos y sus pensamientos y resolver problemas ellos solos. Para la mayoría de los niños esto implica jugar, pero sea cual sea la forma que adopte, ya sea escribir un diario, aislarse o escuchar música, constituye un aspecto crucial de su entrenamiento de mindfulness. Sería ideal que les concediéramos un poco de tiempo libre todos los días para estas actividades, pero no siempre es posible, y a veces esos momentos no son más que eso, simples y breves momentos. Sin embargo, si os dais cuenta de que vuestro hijo no cuenta con períodos regulares de tiempo libre porque tiene actividades extraescolares todos los días, os recomiendo encarecidamente que canceléis alguna de esas actividades o clases. Lo más efectivo es reservar períodos fijos de tiempo libre como hacemos con otras actividades para no tener que organizarlo cada vez y para que vuestro hijo sepa que cuenta con ese tiempo.

INTENTAD ESTO: Tiempo de juego libre

Básicamente, esto es lo mismo que decirle a vuestro hijo «Ve a jugar un rato solo». Pero la forma de decírselo importa mucho. Cuando lo formuláis como tiempo de juego libre, le estáis comunicando a vuestro hijo que no se trata de un juego dirigido y que tiene el poder de elegir lo que quiere hacer. A los niños esto les encanta. Si a vuestro hijo le cuesta jugar solo, podéis empezar a construir un Lego con él, leerle un libro o dibujar con él. Cuando haya conectado con la experiencia, intentad iros sigilosamente.

━━━━━━━━━━━━

Cuando empecéis a incorporar tiempo libre a la vida de vuestro hijo, quizá descubráis que no siempre sabe qué hacer. Esto será muy probable si su vida ha estado sujeta a un programa apretado. Puede que deambule sin un objetivo claro, se queje de aburrimiento o se sienta frustrado. Estas son reacciones normales debidas al cambio de rutina y, poco a poco, su actitud mejorará. Sin embargo, también podrían estar relacionadas con el espacio físico de que dispone vuestro hijo. Las personas de todas las edades nos beneficiamos mucho de contar con un lugar despejado al que podemos acudir cuando necesitamos tranquilizarnos y centrarnos.

Cread un entorno donde vuestro hijo pueda estar tranquilo

He asistido a retiros de meditación en varios lugares y, sin excepción, las salas y los dormitorios están limpios, despejados y escasamente decorados, y los edificios están rodeados de bosques y campos vastos y acogedores. No se trata de una coincidencia; estos espacios están diseñados para ayudar a los participantes a permanecer tranquilos y centrados. Los espacios innecesariamente abarrotados, con montones de cosas desordenadas y multitud de estímulos visuales pueden distraernos y producirnos estrés, bloquearnos, abrumarnos y ser la causa de que no sepamos cómo tranquilizarnos y centrarnos. Esto es justo lo contrario de lo que queremos para nuestros hijos cuando tienen un momento difícil.

Como es obvio, la mayoría de nosotros no vivimos en un monasterio zen ni en un centro de retiro. Si tu casa se parece a la mía, habrá montones de platos, ropa sucia, papeles y juguetes esparcidos por todas partes. Es probable que, de vez en cuando, vosotros o vuestro hijo no encontréis algo importante como las llaves del coche o el vestido favorito de la Barbie. Todo ese desorden puede dificultar que nuestros hijos encuentren sus juguetes y que realicen las actividades que quieran, que se calmen y centren en una sola cosa cuando lo necesiten. Afortunadamente, no tenéis que convertir vuestra casa en una ermita para que invite a vivir de una forma consciente, pero quizá queráis considerar introducir algunos cambios. A continuación sugiero varias opciones. Por favor, tomaos el tiempo necesario para decidir cuáles encajan mejor con las costumbres y el estilo de vuestra familia.

DESPEJAR

Este paso es realmente importante. Si conseguís vaciar la casa de cosas innecesarias, dispondréis de más espacio mental y emocional para lo que realmente importa: estar plenamente conscientes en el momento presente con amabilidad y curiosidad. Hay muchas publicaciones, impresas y en internet, sobre cómo despejar una casa (véase Recursos). Es importante tener en cuenta que vaciar la casa de cosas innecesarias es un proceso de dos etapas:

librarse de artículos que ya no nos sirven y tomar la decisión de no volver a acumular cosas. Esto implica romper con hábitos de consumo continuos, lo que no resulta fácil.

Teniendo en cuenta que este libro trata sobre cómo ayudar a nuestros hijos a tranquilizarse y centrarse, los juguetes de vuestro hijo pueden ser un buen punto de partida. Una cantidad excesiva de juguetes abrumará y distraerá a los niños y les costará centrarse en uno solo si está escondido en el fondo de un montón de ellos. Además, si vuestro hijo tiene demasiados juguetes quizá no aprenda a aburrirse, que es una experiencia crucial que todos los niños deberían vivir en repetidas ocasiones. Para los niños, la habilidad de tolerar el aburrimiento constituye una oportunidad para reconocer sus propias emociones y su paisaje interior y aprender a manejarlo. El aburrimiento fomenta la creatividad, la capacidad de encontrar nuevos recursos y la resiliencia, y cualquier persona que haya hecho una larga cola o esperado en la consulta de un médico podrá confirmar que se trata de una habilidad muy útil en la vida.

Si vuestro hijo es muy pequeño, podéis seleccionar sus juguetes vosotros mismos. De hecho, os lo recomiendo, si no nunca os desharéis de nada. Pero aseguraos de no tirar nada que le guste de verdad. A los niños mayores es importante involucrarlos en el proceso. Es más probable que accedan a participar si les explicáis claramente cuál es el objetivo y si saben que vosotros también estáis haciendo limpieza de vuestras cosas.

Kim John Payne y Lisa Ross, autores de *Simplicity Parenting* (2010), ofrecen una serie de sugerencias útiles para decidir de qué juguetes deshacerse:

- Juguetes rotos o que les falten piezas importantes.
- Juguetes repetidos cuando, en realidad, solo necesitáis uno o dos.
- Juguetes inadecuados para la etapa de desarrollo del niño o de cuando era más pequeño.
- Juguetes que hacen demasiadas cosas o se rompen con facilidad.
- Juguetes demasiado estimulantes, por ejemplo, con muchas luces y sonidos.
- Juguetes desagradables u ofensivos (decidid vosotros cuáles).
- Juguetes agresivos como pistolas, espadas y similares.

Si no estáis seguros de si guardar algo o no, o si no os ponéis de acuerdo con vuestro hijo respecto a un juguete en concreto, siempre podéis meterlo en una caja y guardarlo en el garaje o la buhardilla. Si nadie se acuerda de él durante un tiempo, será un indicio de que podéis deshaceros de él definitivamente. Aseguraos de anotar la fecha en la caja para saber cuánto tiempo os habéis olvidado de él.

ELEGID LOS JUGUETES CON CUIDADO

Librarse de los juguetes inútiles o innecesarios es un primer e importante paso para la creación de una zona de juego consciente para vuestro hijo. Asegurarse de que tiene acceso a una gama de juguetes que le ayudarán a practicar las habilidades que deseáis que adquiera, como el centramiento, la concentración y la creatividad, es el paso siguiente. Payne y Ross (2010) ofrecen sugerencias que pueden resultar útiles según la edad e intereses de vuestro hijo:

- Juegos de construcción como bloques de madera, magnéticos, de barro cocido, o circuitos de tren o de carreras de coches.
- Legos o Meccano.
- Coches y camiones de juguete; muñecas y casas de muñecas.
- Figuritas de personas o animales (mejor si no son de una marca concreta, ya que los niños son más creativos si no tienen una historia preconcebida).
- Disfraces y retales de tela.
- Rompecabezas, dóminos, juegos de cartas y de tablero.
- Cajas de cartón vacías de diferentes tamaños.
- Artículos para manualidades: papeles blancos y de colores, rotuladores, lápices, pegamento, tijeras, cinta adhesiva, hilo, cuentas y abalorios, botones y plastelina.
- Juegos de origami con sus instrucciones correspondientes.
- Libros y periódicos.
- Cuadernos de entretenimiento con laberintos, crucigramas, juegos de lógica, etcétera.

Si no disponéis de una superficie extensa para realizar manualidades, cubrid una mesa con un mantel de hule. Nuestra mesa del comedor está permanentemente cubierta con uno y resulta fácil limpiarlo de restos de plastelina y trazos de rotulador. Podéis utilizar la misma superficie para los juegos de cartas o tablero, los rompecabezas y otras actividades.

Por último, los niños también necesitan pasar tiempo al aire libre. A muchos padres les preocupa no disponer de un espacio exterior lo bastante bueno para que sus hijos jueguen. Siempre que sea seguro, cualquier espacio exterior es bueno. Las pelotas, los cubos y las palas son juguetes útiles y baratos, pero os sorprendería ver las cosas que pueden hacer los niños solo con tierra, unos palos y unas piedras. Con aire libre y espacio para moverse, pueden mantenerse ocupados jugando y con atención plena durante horas.

UTILIZAD SEÑALES VISUALES PARA IR MÁS DESPACIO Y CENTRAROS EN EL PRESENTE

Fotografías, ilustraciones, papelitos autoadhesivos, anotaciones o dibujos confeccionados por vuestro hijo y colocados en lugares estratégicos de la casa pueden ser una manera útil y divertida de recordar a todos los miembros de la familia que respiren hondo, tomen conciencia de lo que está ocurriendo en ese momento sin juzgarlo ni desear que sea diferente y, así, adopten la mejor decisión posible. Podéis elegir señales visuales que os inspiren y, cuando vuestro hijo sea lo bastante mayor, solicitarle ideas.

El objetivo es crear un espacio lo más propicio al mindfulness. Cuanto más a menudo os acordéis de respirar hondo, ir más despacio y hacer una cosa a la vez, más probable será que vuestro hijo también lo haga. A continuación enumero varias opciones:

- Fotografías o pinturas especialmente significativas o que os ayuden a centraros.
- Iconos o pinturas de carácter religioso o espiritual.
- Fotografías de personas queridas o de momentos familiares especiales.
- Obras artísticas, dibujos o letreros con las palabras RESPIRA o PAROS (véase el ejercicio PAROS en el capítulo 1).
- Una campanilla de meditación que vuestro hijo puede hacer sonar cuando necesite una señal auditiva que lo ayude a calmarse (recomiendo que esperéis a que vuestro hijo sea lo bastante mayor para utilizar la campanilla razonablemente, si no el continuo tintineo podría producir el efecto contrario al buscado).
- Plantas o flores (naturales, secas o incluso de plástico pueden producir un efecto muy beneficioso).
- Un centro de mesa natural para la mesa de la cocina o el comedor (vuestro hijo puede decorarlo con cosas que encuentre en el exterior como piedrecitas, flores, plumas, hojas o piñas; os ayudarán a parar y conectar con las distintas estaciones del año).
- Atrapasueños colgados en la cabecera de la cama de vuestro hijo.
- Frasco para guardar sueños (véase el ejercicio siguiente).
- Frasco de agradecimientos con un cesto situado cerca que contenga hojas de papel y lápices (véase el ejercicio siguiente).

INTENTAD ESTO: Preparar un frasco de sueños o agradecimientos

Llenad un frasco vacío con tiras de papeles de colores donde consten sueños como jugar con globos de colores, recoger flores en un prado, correr en una pista de atletismo, ver vuestra película favorita con un cuenco de palomitas, comer un sabroso pastel de melocotón, o lo que se os ocurra. Por la noche, antes de acostarse, vuestro hijo puede sacar un papel con un sueño o un pensamiento agradable anotado, en el que podrá pensar hasta que se duerma.

De forma similar, también podéis preparar un frasco de agradecimientos o incluso uno para cada persona de la casa. Cada vez que alguien valore o sienta agradecimiento hacia otro miembro de la familia, puede anotarlo en una tira de papel y meterla en el frasco de agradecimientos. Esta es una excelente forma de practicar la amabilidad y sentiros unidos. Una vez a la semana o al mes podéis leer juntos las tiras de papel.

También resulta útil colgar letreros o dibujos que ayuden a vuestro hijo a recordar qué puede hacer cuando se sienta agobiado. Podéis elaborar juntos una lista de actividades para cuando le cueste manejar emociones intensas como el enfado, la tristeza o la preocupación. Pedidle que pinte dibujos o escriba las palabras, lo que prefiera. He aquí algunas ideas: bailar, dibujar, correr al aire libre, respirar calmadamente, leer libros, escuchar música, acurrucarse o realizar estiramientos. Lo que os funcione a vosotros y a vuestro hijo será lo correcto siempre que no sea algo violento o agresivo, claro. Podéis colgar la lista en la nevera u otro lugar que vuestro hijo pueda ver fácilmente.

Intentad esto: Salir para entrar

Muchos libros y artículos acerca de la paternidad consciente hablan de pasar tiempo al aire libre. Aunque es probable que la única actitud zen que encontremos en nuestro patio o en el parque del barrio sea la que llevemos nosotros mismos, la verdad es que los niños suelen estar más tranquilos, contentos y centrados cuando juegan fuera.

Aunque unas vacaciones en la playa o una vista bonita siempre son maravillosas, cualquier espacio al aire libre aportará a vuestro hijo la posibilidad de mover el cuerpo, respirar hondo o, simplemente, sentarse en silencio. En un espacio al aire libre es más probable que vuestro hijo pueda distanciarse un poco de las emociones o pensamientos difíciles y volver a la experiencia del momento presente.

Crear el rincón de la calma

Además de despejar vuestra casa, podéis crear un rincón específico para calmarse. Este puede consistir en una habitación pequeña, un rincón en una habitación, una silla cómoda o una tienda de campaña infantil para interiores. La idea es crear un espacio que propicie una experiencia de tranquilidad y atención consciente y que incite al pequeño a permanecer centrado y en silencio. Involucrar a vuestro hijo en el diseño de este espacio y en la elección de los objetos que habrá en él es una buena idea. Deberá estar decorado de una forma que le resulte atractiva, que despierte su interés y lo ayude a tranquilizarse y mantenerse en ese estado. He aquí algunos aspectos a tener en cuenta:

- Aunque no es necesario, podéis elegir un tema para ese espacio. Una amiga mía lo llamó «Calma Glacial» y puso libros sobre el Antártico y peluches de pingüinos y osos polares. Otra amiga lo llamó «Asiento Espacial»; ella y su hijo recortaron estrellas y planetas, los colgaron del techo y pusieron el muñeco alienígena preferido de su hijo y unos cuantos libros y juguetes de temática espacial.

- Elegid unos cuantos muñecos que gusten a vuestro hijo o actividades que pueda realizar solo (véase sugerencias en la sección siguiente). Podéis colaborar con él para elegir juguetes que sean adecuados para su edad y desarrollo.

- No pongáis demasiadas cosas en el rincón de la calma. Tanto si el resto de la casa está abarrotado de cosas como si no, en esta zona debería haber pocos objetos. Demasiadas cosas harán que a vuestro hijo le resulte difícil centrarse y elegir qué hacer. Podéis incluir cosas y juguetes que conozca y le reconforten, no artículos que supongan un reto para él por ser nuevos o diferentes. No es necesario que gastéis mucho dinero. Lo que queráis poner seguramente ya lo tenéis o podéis hacerlo.

- Nada de pantallas, *tablets* ni juguetes electrónicos en el rincón de la calma, salvo un MP3 o un reproductor de CDs con meditaciones guiadas. No digo que vuestro hijo no pueda volver a ver la televisión nunca más, pero no en ese rincón.

- No se trata de un rincón de pensar y vuestro hijo no debe acudir a él obligado. Puede utilizarlo en lugar del rincón de pensar si es que tenéis uno en casa, pero siempre de forma voluntaria. El niño debe asociarlo a sensaciones positivas, lo que le resultará difícil si lo relaciona con un castigo.

El rincón de la calma es un lugar sagrado donde no está permitido gritar, regañar, discutir, pelear, cuestionar ni negociar. El objetivo de este lugar no es analizar situaciones o replantear problemas. Es un lugar para estar, respirar con calma y realizar actividades tranquilas y relajantes. Eso es todo. Cuando uno está ahí, debe sentirse seguro.

Qué poner en el rincón de la calma

He aquí algunos juguetes y artículos que podéis poner en el rincón de la calma. Prestad atención a los nuevos intereses que vaya desarrollando vuestro hijo y, si os parece oportuno, id cambiando algunos de los artículos del rincón de la calma por otros nuevos, pero recordad que no se trata de un lugar para estimular a vuestro hijo, sino para tranquilizarlo, de modo que no sintáis la necesidad de poner algo nuevo cada semana. Nota: si creéis que algo de esta lista hará ruido u os creará confusión o estrés, no lo utilicéis.

Juguetes y artículos sensoriales:
- Pufs o pelotas antiestrés.
- Plastilina o barro para modelar.
- Loción.
- Piedras suaves (podéis escribir en ellas palabras relajantes como «respira» o «paz»).
- Pequeño jardín zen de arena con un rastrillo en miniatura.
- Cojín o manta suave.
- Peluches favoritos.

Juguetes y artículos para escuchar:
- Palo de lluvia (instrumento de percusión).
- MP3 o reproductor de CDs con música relajante o meditaciones guiadas (a ser posible sin pantalla).
- Campanillas de meditación o cuenco tibetano.

Juguetes y artículos para observar:
- Calidoscopio.
- Tubo relleno de purpurina, globo de nieve o tarro de purpurina (puede hacerse fácilmente siguiendo las instrucciones que aparecen en internet).

- Linterna.
- Velas iluminadas a pilas.
- Lupa.
- Letreros artísticos o pequeñas estatuas que gusten a vuestro hijo.
- Libros con imágenes o cuentos (pueden tratar sobre el mindfulness o no).

Juguetes y artículos para oler:
- Almohadillas térmicas rellenas de arroz o semillas aromáticas (pueden calentarse en el microondas o enfriarse en el congelador según vuestro hijo las prefiera calientes o frías).
- Rotuladores aromáticos.
- Pegatinas para rascar y oler.
- Loción perfumada.

Juguetes y artículos de aire:
- Molinete.
- Burbujas.
- Muñeco para ayudarlo a respirar (un peluche pequeño que vuestro hijo puede colocar sobre su estómago y dormirlo con el vaivén de su respiración).
- Esfera de Hoberman, que puede utilizarse como ayuda para la respiración (vuestro hijo puede inhalar cuando expande la esfera y exhalar cuando la comprime [Cohen Harper, 2013]).
- Recordatorios de yoga (libros, letreros o cartas con imágenes de posturas de yoga).

Juguetes y artículos de emociones y compasión:
- Póster de caras que expresen distintas emociones.
- Libros que traten sobre emociones y experiencias.
- Pequeño álbum con fotografías de amigos y miembros de la familia.
- Papel y rotuladores para dibujar emociones y sentimientos.
- Peluches con distintas expresiones faciales (como los Kimochis, que ayudan a los niños a identificar sus sentimientos).
- Peluches favoritos.

Si en casa no tenéis espacio para un rincón de la calma y ni siquiera para una silla de la calma, otra opción es reservar una caja o una bolsa para artículos que vuestro hijo considere relajantes. Cualquiera de los juguetes o artículos pequeños de la lista anterior servirá.

INTENTAD ESTO: Preparar una caja de la respiración

Conseguid una caja de zapatos o una caja pequeña con tapa y llenadla con juguetes u objetos que relajen a vuestro hijo. También podéis preparar juntos una bolsa de la respiración: quizás una bolsa pequeña de tela con cierre de cremallera que pueda llevarse al colegio o en los viajes. Si vuestro hijo es lo bastante mayor, no dudéis en prepararla con él. Algunos artículos para guardar en la caja son: piedras suaves en las que podéis escribir palabras relajantes; una libretita con lápices o rotuladores; un tubo pequeño de purpurina; un MP3 y unos auriculares. Guardad la caja en un lugar determinado en la habitación de vuestro hijo o en su mochila, donde pueda encontrarla fácilmente cuando la necesite.

En este capítulo he sugerido varias formas de reservar más tiempo y espacio en vuestra vida y vuestra casa para el mindfulness. Quizá sintáis una necesidad imperiosa de cancelar todas las actividades extraescolares de vuestro hijo, tirar la mitad de vuestras cosas y reorganizar toda la casa. Por favor, no lo hagáis. En lugar de eso, dedicad unos días a prestar atención. Fijaos en vuestros horarios, en los días en que vuestro hijo parece estar agotado o vosotros os sentís más agobiados o acelerados. ¿Disponéis de cierta flexibilidad durante esos días? ¿Podéis cancelar alguna actividad o dejar de asistir a una reunión?

Dedicad también unos minutos a examinar vuestra casa. ¿Hay superficies, rincones o cajas llenas de documentos antiguos, trabajos artísticos a medio terminar, deberes amontonados o juguetes rotos? ¿Influyen en la capacidad de la familia para concentrarse y permanecer centrados? Si es así, quizá valga la pena ordenarlos o tirarlos.

Por último, ¿vuestro hijo dispone de un lugar en la casa donde puede dedicar unos momentos a respirar hondo y relajarse? Si es así, ¡magnífico! Quizá podáis colaborar juntos y elegir un par de artículos de este capítulo para incorporarlos a ese espacio.

El objetivo no es disponer de un horario perfectamente equilibrado y una casa escrupulosamente ordenada, sino averiguar qué cambios resultarían significativos para vuestra familia; valorar en qué lugares y momentos vosotros y vuestro hijo podéis tolerar un poco de caos y cuándo necesitáis realmente ir más despacio, disponer de tiempo libre o contar con un lugar en la casa donde poder aplicar la atención plena. A partir de ahí, podéis empezar a hablar con vuestro hijo sobre los cambios que estáis realizando y el motivo de los mismos. Este es el tema del siguiente capítulo.

5

Hablar del mindfulness a vuestro hijo

De vez en cuando, mi hija se queja de algún dolor físico impreciso: le duele el estómago o la pierna o le zumba el oído. La mayoría de las veces no puedo hacer mucho, salvo abrazarla y asegurarle que el dolor pasará. Le digo algo como: «Sé que ahora mismo te duele el estómago y lo siento, pero recuerda que pronto te sentirás mejor. ¿Qué puedo hacer para ayudarte hasta que te encuentres bien?» Mi forma de reaccionar ha evolucionado bastante desde que empecé a practicar el mindfulness. Antes solía intentar que el dolor desapareciera en el acto y, como no lo conseguía, me sentía frustrada conmigo y con mi hija. Ahora intento reconocer sus sentimientos, ofrecerle mi ayuda y recordarnos a ambas que lo que le está pasando, tanto si es un momento maravilloso o espantoso, no durará para siempre. Este cambio de enfoque, de sentir que estamos atrapadas en la experiencia, de recordar que solo es algo pasajero, como una lucecita que cruza la pantalla del radar, nos ayuda a disfrutar más plenamente los momentos agradables y a sufrir un poco menos los difíciles.

Esto es solo un ejemplo de cómo podéis utilizar las palabras para ayudar a vuestro hijo a desarrollar una perspectiva más consciente. Muchas de las actividades propuestas en este libro están pensadas para experimentarlas personalmente. Si queremos cosechar los beneficios del mindfulness, debemos ponerlo en práctica personalmente y no solo hablar de ello. Una vez dicho esto, también es verdad que las palabras son importantes. La forma en que hablamos de nuestras experiencias tiene el potencial de influir en la percepción de lo vivido y, por ende, en nuestra realidad. En este capítulo analizaremos una serie de ideas, metáforas y otras formas de utilizar las palabras para ayudar a nuestros hijos a enfocar su atención e incorporar momentos de plena conciencia en su vida diaria. Como punto de partida, merece la pena repetir la definición básica de mindfulness: tomar conciencia de lo que está sucediendo aquí y ahora con amabilidad y curiosidad y elegir qué hacer a continuación. Esta definición contiene cuatro ideas que podéis recalcar a vuestro hijo: tomar conciencia, aquí y ahora, amabilidad y elección. En estas páginas profundizaremos en estas ideas y en otro par de conceptos importantes.

Tomar conciencia

Puede resultarnos fácil tomar conciencia de los pensamientos, sentimientos y emociones que nos resultan nuevos, interesantes, raros o intensos. Sin embargo, salvo una idea realmente brillante o un golpe doloroso, puede que nuestros hijos no se den cuenta de lo que está ocurriendo en su mente y su cuerpo hasta que se sientan tan agobiados que no puedan seguir ignorándolo. Cuando llegan a este punto normalmente estallan, ya sea verbal o físicamente, en formas que no suelen beneficiarlos y que incluso pueden empeorar la situación. En esos casos, lo mejor es ayudarlos a tranquilizarse y luego hablar con ellos sobre lo que ha ocurrido. Afortunadamente, podemos enseñarles a prestar atención a lo que está ocurriendo en su mente y su cuerpo para que puedan hablar de su experiencia o pedir ayuda antes de que sea demasiado tarde. Podemos realizar las prácticas con ellos, como respirar conscientemente o practicar una meditación de escucha (véase el capítulo 6), pero también podemos explicarles qué significa darse cuenta de lo que ocurre cuando estén tranquilos. A continuación describo algunas ideas sobre cómo ayudar a nuestros hijos a que tomen conciencia de lo que les está ocurriendo.

Habladle de los momentos en que vosotros tomáis conciencia

Hablar de lo que uno percibe es una práctica fundamental, pero no suele hacerse con regularidad. La idea es que habléis con vuestro hijo de vuestras experiencias. Por ejemplo, cuando me siento frustrada, muchas veces voy a la cocina, apoyo las manos en la encimera y respiro hondo varias veces. Si no les cuento a mis hijas lo que siento y hago, no aprenderán nada y lo único que sabrán es que a veces mamá sale de la habitación y vuelve al cabo de un rato. En cambio, si les cuento que noto los hombros tensos, que me arde la cara o tengo ganas de chillar, y que estos son avisos de que tengo que dejar de hacer lo que estoy haciendo y respirar hondo varias veces, mis hijas empezarán a entender la importancia de prestar atención al propio cuerpo para poder tomar mejores decisiones.

Daos cuenta de cuándo él se da cuenta

A veces, los niños son muy buenos explicando lo que sienten, ya sea emocional o físicamente. Pero a nosotros no siempre nos resulta fácil escucharlos, sobre todo si hemos tenido una jornada especialmente larga, estamos exhaustos o ellos se expresan quejándose. Las reacciones más extendidas son intentar solucionar lo que les pasa o distraerlos para que no piensen en ello. Sin embargo, cada vez que reconozcamos y valoremos no solo lo que ellos han percibido, sino también el hecho de que lo hayan percibido, los estaremos ayudando a dar un importante primer paso hacia la percepción consciente de sus experiencias. Recomiendo que encontréis las palabras y el estilo que encajen con vosotros, pero siempre podéis decir algo como: «Me alegro de que te hayas dado cuenta de que estabas triste y hayas decidido contármelo. ¿Quieres que hablemos de ello un poco más?»

Otra forma de hablar de este tema requiere que os fijéis en cuándo vuestro hijo está «a punto de», como dice el famoso profesor de meditación Joseph Goldstein. Así podréis ayudarlo a darse cuenta de que está a punto de perder los nervios o ponerse impertinente y podrá elegir otra opción. Si percibís que empieza a ponerse tenso, que habla en un tono más alto o que su cara enrojece, puede resultar útil comentarle que está en uno de esos momentos «a punto de» y que tiene la posibilidad de elegir una reacción más provechosa. Tal vez le cueste escuchar vuestro comentario, así que sugiero que adoptéis la costumbre de hablar cuando estéis en uno de esos momentos «a punto de», como: «Noto que mi mandíbula se está poniendo tensa y mis hombros están rígidos. Creo que estoy a punto de chillar, así que necesito irme a otra habitación y respirar hondo varias veces.» De esta forma, ayudaréis a vuestro hijo a aceptar mejor vuestras sugerencias. Seguramente, algunas veces él ya se da cuenta de que está a punto de estallar; la clave es conseguir que esas veces sean menos aleatorias y más deliberadas. Ayudarlo a darse cuenta de las señales que le transmite su cuerpo cuando está «a punto de» es una excelente manera de empezar.

Ayudadlo a describir lo que percibe

La capacidad de reconocer una emoción o sensación y describirla con palabras varía notablemente de un niño a otro, pero a muchos, sobre todo los más pequeños, puede resultarles difícil. Por eso acaban teniendo una pataleta o pegando a un hermano cuando están tristes, cansados, frustrados o hambrientos. Algo está teniendo lugar en sus pequeños cuerpos y mentes, pero no están seguros de qué es, cómo expresarlo o qué hacer al respecto. Nosotros podemos ayudarlos a aprender a expresarse de una forma más hábil y útil. El primer paso, especialmente para los más pequeños, es poner palabras a su experiencia: «Tienes celos porque estoy dando de comer a tu hermanita y no te presto mucha atención. Por eso has vomitado.» Si se lo decimos simplemente describiendo lo que percibimos sin juzgarlo ni enfadarnos, a la larga nuestro hijo podrá darse cuenta e identificar sus experiencias internas sin reaccionar a ellas de una forma instintiva. A los más mayores podéis pedirles que os hablen de sus emociones y sentimientos, los dibujen, escriban un diario sobre ellos o elijan una canción que encaje con lo que sienten.

Representar lo que se percibe

No siempre resulta fácil describir lo que se siente. A veces, las emociones son confusas o agobiantes, y si son muy intensas nos puede costar hablar de ellas, incluso producirnos vergüenza, sobre todo si son desagradables. En esos casos, puede resultar útil utilizar muñecos de tela o de plástico como representantes e inventar una historia o situación que, en vuestra opinión, se parezca a lo que está experimentando vuestro hijo. Si le contáis que Superman se sintió dolido porque Batman no quiso jugar con él, el niño podrá asociarlo a su propia experiencia. Por otra parte, leerle historias con las que pueda sentirse identificado, desde libros sencillos con ilustraciones sobre emociones hasta otros que contengan historias más elaboradas, puede ayudaros a empezar a hablar sobre temas difíciles. Por último, a la mayoría de los niños les encanta oír historias sobre la vida de sus padres. Hablarles de una situación en que nos sentimos heridos, confusos o avergonzados, y explicarles lo que pensamos en aquel momento y lo que sentimos en nuestro cuerpo, puede ayudarles a entender su experiencia y hablar de ella.

Activar el cerebro racional

Cuando hablamos de experimentar y gestionar emociones intensas, intervienen dos zonas del cerebro: la parte de las emociones (el sistema límbico, situado en la parte trasera e inferior del cráneo) y la parte racional (el córtex prefrontal, justo detrás de la frente). Curiosamente, el cerebro no puede utilizar ambas partes a la vez. Si vuestro hijo está atrapado en el cerebro emocional, intentad que conecte con el racional. Según la edad que tenga, podéis pedirle que piense en el color azul o que se fije en tu nariz u otra cosa divertida o agradable que desvíe su atención del sistema límbico al córtex prefrontal. Cuando se haya calmado, podéis continuar con vuestras actividades o, dependiendo de su edad, vuestro estado de ánimo o la situación, dedicar algo de tiempo a hablar con él de lo que ha sucedido.

Prever y revisar

La siguiente práctica constituye una manera estupenda de cerrar, de una forma consciente, cualquier experiencia compartida con vuestro hijo. Yo la aprendí de Danya Handelsman, madre y *coach* parental, quien me la contó personalmente. Antes de hacer cualquier cosa, desde tomar un tentempié a realizar una salida familiar, hablad con vuestro hijo sobre lo que es probable que suceda, y volved a hablar con él acerca de la experiencia cuando haya terminado. Se diría que hablar del futuro y el pasado es justo lo contrario a estar en el momento presente; la diferencia es que en esta actividad elegís deliberadamente dedicar un tiempo a prever y, después, a revisar una situación dada, en lugar de que las cavilaciones de vuestra mente os atrapen aleatoriamente.

El objetivo de prever una situación es que vuestro hijo esté preparado para prestar atención a lo que suceda, así como ayudarlo a darse cuenta y liberarse de las preocupaciones, los miedos y las expectativas irracionales. De este modo, podrá estar presente en lo que ocurra realmente. Por otro lado, cada vez que revisamos lo que sucedió, le enseñamos la importancia de repasar conscientemente las decisiones que tomó y a valorar los resultados. Además, revisar lo sucedido puede ayudar a nuestros hijos a percibir la diferencia entre sus esperanzas y miedos y lo que sucedió en realidad. De esta manera, empezarán a comprender cómo sus pensamientos influyen en su realidad y si estos son útiles o no.

Tomar una fotografía mental

Hoy en día, la mayoría de los niños están acostumbrados a que los fotografíen y muchos también se ponen detrás de la cámara. Puede resultar tentador darles a nuestros hijos un *smartphone* o una cámara y animarlos a tomar fotografías, pero fotografiar puede distraer incluso al más centrado de nosotros de la experiencia del momento presente. La alternativa es animar a vuestro hijo a tomar una fotografía mental de lo que está ocurriendo. ¿Qué percibe? ¿En qué decide centrar la atención? ¿Qué incluiría en la fotografía? ¿Qué excluiría?

¿Qué recordará?

Preguntarle a vuestro hijo qué recordará de una situación se parece a pedirle que tome una fotografía mental, pero es útil disponer de distintas maneras de hablar sobre lo que ocurre. Así podréis elegir la que funcione mejor con vuestro hijo. Esta estrategia consiste en preguntarle en cualquier momento del día qué recordará de lo que está viviendo. Tened presente que no estáis buscando una respuesta en particular, y su recuerdo no tiene por qué ser positivo o feliz. Darse cuenta y ser capaz de tolerar los momentos más difíciles o desagradables de la vida es de un valor incalculable. Preguntadle a vuestro hijo qué recordará de ese día y mostraos receptivos a su respuesta, sea cual sea.

Ejercitar el músculo de la atención plena

A muchos niños les encanta la idea de flexibilizar y fortalecer su cuerpo. Cada vez que practican el mindfulness están fortaleciendo las zonas de su cerebro que les ayudan a permanecer tranquilos, pensar con claridad y tomar buenas decisiones. Podéis explicarle a vuestro hijo que cada vez que dedica un momento a tomar conciencia de sus pensamientos, sentimientos y sensaciones corporales y responde a esa experiencia con amabilidad y aceptación, es como si su mente entrenara en el gimnasio.

Aquí y ahora

Además de ayudar a vuestro hijo a darse cuenta de lo que experimenta, podéis ayudarlo a dirigir conscientemente la atención al aquí y ahora. Esta práctica lo ayudará a centrarse en el momento presente y soltar las preocupaciones, miedos y arrepentimientos que pueden distraerlo y perturbarlo. Por otro lado, a medida que aprenda a estar presente, percibirá las situaciones con más claridad y exactitud, lo que le ayudará a reaccionar de la forma más adecuada y efectiva.

Algunos de los ejercicios ya descritos pueden ayudar a vuestro hijo a redirigir la atención al momento presente.

A continuación describo unos cuantos más para que los probéis:

Tres cosas sobre tres cosas

Si percibís que vuestro hijo está distraído, agobiado o aburrido, una forma de conseguir que cambie de actitud es pedirle que os diga tres cosas sobre tres cosas. Puede elegir las tres cosas que quiera, por ejemplo, el entorno, un sonido y un pensamiento que esté pasando por su mente en ese momento. A continuación, pedidle que diga tres cosas acerca de lo que está percibiendo. Quizás una pelota de goma ha llamado su atención y puede hablaros de su tacto, describir su color y contaros que le recuerda a su primo, a quien le encantan las pelotas que botan. O quizás ha reparado en que le duele un dedo del pie. Entonces podría contarte de qué dedo se trata, hasta dónde se extiende el dolor y si es agudo o leve. Si ha reparado en un pensamiento, puede contaros en qué consiste, qué le hace sentir y qué otros pensamientos le acompañan. Vuestro hijo puede elegir algo agradable, desagradable o neutro, interesante o no. Si tres cosas sobre tres cosas es un poco excesivo, intentadlo con tres cosas sobre una sola cosa o cualquier variación que os satisfaga.

Los cinco sentidos

Se puede utilizar esta actividad siempre que vuestro hijo necesite ayuda para volver al momento presente. Es sencilla y consiste en pedirle que describa algo con cada uno de los cinco sentidos: vista, olfato, oído, gusto y tacto. Si le cuesta poner palabras al sabor que percibe en la boca o al sonido que oye, no pasa nada. Lo realmente importante es que dedique unos instantes a fijarse en ello. Si os sentís tentados a juzgar las observaciones de vuestro hijo y desear que fueran más agradables, alegres, interesantes, inspiradas o cualquier otra cosa, intentad dejar ir esas ideas. Simplemente, escuchad y aceptad lo que él exprese.

Sentir los pies en el suelo

A veces, los niños necesitan un momento de contacto físico con algo firme, suave o peludo, ya sea el duro suelo o un osito de peluche, para volver a conectar con el aquí y ahora. También les encantan las aliteraciones, las rimas y las formas de hablar divertidas, así que podéis pedirle que ponga una mano en la mesa, un pie en la pared o la nariz contra un naipe. Apenas unos segundos de prestar atención a una sensación física serán suficientes para que vuelva a centrarse y reconducir su atención.

No somos nuestros pensamientos

Recordar que no somos nuestros pensamientos es una valiosa herramienta para permanecer centrados en el momento presente. Merece la pena explorarla un poco más. Uno de los regalos más importantes de la práctica del mindfulness, de aprender a observar nuestros pensamientos, emociones y sensaciones corporales sin que ninguno de ellos nos absorba, es comprender que nuestros pensamientos no son nuestra entera realidad y que solo dominarán nuestra experiencia si se lo permitimos. Cada vez que les recordamos a nuestros hijos que pueden elegir su respuesta a los pensamientos que cruzan por su mente, les concedemos el poder de elegir lo que quieren hacer con esa lucecita pasajera del radar. ¿Vale la pena hacerle caso o es mejor dejar que siga su camino y desaparezca de la pantalla? A continuación describo algunas ideas sobre cómo hablar con vuestro hijo para ayudarlo a distanciarse del mono parlanchín que hay en su mente.

Contemplar el tráfico

La idea de que no somos nuestros pensamientos es bastante abstracta, así que algunas metáforas nos ayudarán a transmitírsela a nuestros hijos. Por ejemplo, comparar los pensamientos con coches en que uno puede montar y dar una vuelta o dejarlos pasar es una buena manera de enfocarlo. Si a vuestro hijo le gusta bailar, podéis preguntarle qué canciones merece la pena bailar y cuáles no. Podéis comparar los pensamientos con un desfile, una cinta transportadora o una montaña rusa, y él puede decidir si quiere contemplarlos o subirse a ellos. El objetivo es encontrar una metáfora que represente el constante ir y venir de los pensamientos. Nos guste o no, seguirán visitándonos. No se trata de convencer a nuestros hijos de que dejen de pensar, sino de ayudarlos a recordar que pueden elegir entre participar o no en la refriega.

¿Quién está pensando ese pensamiento?

Esta práctica es muy útil para ayudar a vuestro hijo a despersonalizar lo que está ocurriendo en su cabeza y no quedarse atrapado en la vergüenza, la culpa, la pena o la frustración que con frecuencia acompañan a ciertos pensamientos. Puede ser tan sencillo como preguntarle: «¿Quién está pensando eso? ¿El Ryan cansado? ¿El Ryan hambriento? ¿El Ryan machacón?» Si le resulta difícil identificar la parte de él que está al mando de su cerebro en ese momento, podéis hacer la práctica vosotros y compartir vuestras respuestas con él en diferentes momentos a lo largo del día. Yo suelo explicarles a mis hijas que la Mamá Gruñona está especialmente pesada y que necesito encontrar la manera de ayudarla a tranquilizarse. Una vez más, los detalles no son importantes. El objetivo es encontrar la forma de identificar al pensador como una parte de vosotros o ajena a vosotros, o sea que no es totalmente vosotros.

Ponedle un nombre a ese mono

O a ese gremlin o a ese pulpo enfadado. De nuevo la idea consiste en ayudar al pequeño a tener un poco más de claridad mental, y atribuir sus pensamientos a un mono parlanchín u otro animal o criatura real o imaginaria puede ser una forma divertida y efectiva de conseguirlo. Conforme vayáis conociendo mejor a ese mono, podréis predecir más efectivamente cuándo va a empezar a tener ideas poco provechosas y también averiguaréis qué necesita para tranquilizarse.

Esto también pasará

Todo cambia. Esta es una realidad fundamental de la vida, pero la perdemos de vista con demasiada facilidad. Cuando nos ocurre algo bueno queremos que dure para siempre, y cuando nuestra experiencia es desagradable o aburrida nos sentimos atrapados en ella a pesar de desear que termine. Recordarles a nuestros hijos que, sea lo que sea, pasará, reducirá su sufrimiento en los momentos difíciles y aumentará su capacidad de valorar las experiencias agradables. A veces, puede ser tan fácil como recordarles que nada dura para siempre, pero otras veces puedes necesitar otras formas de comunicarles esta realidad. He aquí algunas propuestas:

La vida es como el tiempo atmosférico

Incluso los más pequeños saben que el tiempo cambia. Se acuerdan de que ayer llovió y saben que hoy hace sol y que mañana podría nevar. Esta analogía es especialmente eficaz no solo por lo fácil que resulta percibir y recordar que el tiempo cambia, sino también porque no podemos controlarlo. Pero sí podemos decidir jugar bajo la lluvia o quedarnos en casa. Sea lo que sea y sintamos lo que sintamos, si esperamos, algo diferente sucederá.

El cambio forma parte del trato

Una de las madres a las que entrevisté me dijo esta simple, directa y certera frase que me encanta: «El cambio forma parte del trato, es incuestionable», y a veces nuestros hijos solo necesitan que se lo recordemos.

Hacer surf con la ola

Si a vuestro hijo le gusta la playa, puede ayudarle que le habléis del mar, las olas y las mareas. Una ola puede parecer enorme mientras crece o rompe delante de uno, pero al cabo de unos segundos no es más que espuma burbujeante que se desliza por la arena. De la misma manera, a veces nuestros pensamientos, emociones y sensaciones corporales pueden parecernos absolutamente agobiantes, como si fuéramos a ahogarnos en ellos. Si les hablamos a nuestros hijos de la posibilidad de hacer surf con esas olas o esperar a que pasen, les ayudaremos a recordar que, sea lo que sea lo que estén experimentando, pronto perderá fuerza, como la marea cuando se retira o la ola que finaliza su recorrido.

Amabilidad y compasión

Una actitud amable, compasiva y curiosa hacia nuestra propia experiencia es parte fundamental del mindfulness. No tiene mucho sentido que nuestros hijos aprendan a prestar una atención plena si lo primero que hacen es juzgar o despreciar lo que acaban de percibir. Cada vez que adoptan esa actitud se apartan del momento consciente y ceden las riendas a ese gremlin que puede resultar tan poco útil. La cuestión es que no siempre resulta fácil ser amable con uno mismo o con quienes nos rodean, sobre todo en los momentos complicados o estresantes. Como cualquier otro aspecto del mindfulness, la amabilidad es algo que debemos practicar. He incluido varias actividades sobre esta cualidad en el capítulo 6, pero a continuación describo algunas maneras de ejemplificar la compasión y hablar sobre ella con nuestros hijos.

¿Qué diría un amigo?

Preguntarle a vuestro hijo qué diría o pensaría su mejor amigo sobre una cuestión determinada es una herramienta muy útil para que consiga liberarse de una actitud negativa. Si le cuesta tratarse de una forma amigable, quizá pueda imaginar qué le diría en esa situación su amigo. Otra opción sería preguntarle qué le diría él a su amigo si se encontrara en esa situación.

Valoraciones familiares

Una sencilla y eficaz práctica para realizar durante las cenas u otras reuniones familiares habituales consiste en dedicar unos instantes a que cada persona valore algo de los demás. Aparte de ser una magnífica manera de que os sintáis más conectados y valorados, también es una forma efectiva de practicar el hecho de dar y recibir amabilidad. Además, si vuestro hijo sabe que, al final del día, tendrá que decir algo amable de los demás, es más probable que se fije en los gestos de amabilidad para luego poder valorarlos durante la cena.

Llenar cubos

Mi marido me sugirió esta práctica que extrajo del libro *Have You Filled a Bucket Today?* [¿*Has llenado una cubeta hoy?*], de Carol McCloud (2006). Os sentáis en círculo y, por turnos, ponéis las manos o los brazos en forma de cubo. Los demás lo llenan con algo que les guste o valoren de esa persona y, a continuación, esta añade algo a su propio cubo diciendo algo bonito sobre sí misma.

Amabilidad y cariño hacia las ambulancias

Mi amiga Sheila McCraith, autora de *Yell Less, Love More* [*Grita menos, ama más*], me explicó que envía deseos bondadosos a las ambulancias que la adelantan cuando va en coche o pasan por delante de su casa. Me encanta esta idea por dos razones. La primera es que constituye un ejemplo para nuestros hijos de cómo responder con empatía a un hecho al que, de otro modo, quizá no prestaríamos atención. La segunda es que refuerza la idea de que ser empáticos con personas que no conocemos es algo valioso. Se trata de ayudar a nuestros hijos a fortalecer el músculo de la bondad y, de este modo, conseguir que esté fuerte cuando lo necesiten de verdad para levantar un gran peso en un momento difícil. Una variante de esta práctica es mostrar bondad hacia los animales. Cualquier animal que se cruce en nuestro camino, desde un cachorro de perro hasta una ardilla que suba por el tronco de un árbol o incluso el bicho que queremos echar de casa, representa una oportunidad para practicar la compasión.

Te quieros

Aprendí esta práctica directamente de Jennifer Cohen Harper, autora de *Little Flower Yoga*. Se trata de una actividad indicada para la hora de acostarse o cuando vuestro hijo necesite sentirse querido y seguro. Es muy sencilla: confecciona una lista de todas las personas que quieren a vuestro hijo. Si la recitas con cierto ritmo puede constituir un mantra: «Mamá te quiere. Papá te quiere. Tu hermana te quiere...» La lista puede continuar y continuar.

Elegir ser consciente

Uno de los aspectos más reconfortantes del mindfulness es que podemos acceder a él en cualquier momento.

Solo necesitamos elegir volver a lo que está ocurriendo en el momento presente e interesarnos en ello. Permitir que nuestra mente divague no ha de hacernos sentir culpables o avergonzarnos. Siempre tenemos la posibilidad de volver a practicar la atención plena. A continuación describo algunas formas de explicarle a vuestro hijo cómo hacerlo.

Siempre se puede volver a empezar

A veces necesitamos recordarle esta verdad fundamental en un lenguaje muy básico: «Siempre puedes volver a empezar. Siempre.»

Reiniciar

A los niños que les gustan los ordenadores les encantará esta práctica. Ellos saben que cuando el ordenador no responde o se bloquea, tienen que apagarlo un minuto y reiniciarlo. Podéis decirle a vuestro hijo que, pase lo que pase, puede pedir un reinicio. En cualquier momento. Si consideráis necesario hablar sobre lo que ha ocurrido, está bien, pero antes permitid que vuestro hijo se reinicie y concededle el tiempo suficiente para que adopte una actitud más favorable antes de hablar. En cualquier caso, seguro que la conversación irá mejor.

Borrar la pizarra

Esta práctica se parece a la de reiniciar. Como en apartados anteriores, se trata de encontrar las palabras que conecten mejor con vuestro hijo. Si está familiarizado con las pizarras blancas o las de tiza, podéis recordarle que lo que está escrito en ellas no es inamovible. Siempre puede borrarlo y escribir un mensaje nuevo o hacer otro dibujo.

Momento mágico

Aprendí esta frase de la famosa profesora de meditación Sharon Salzberg (2010). Cualquier momento en que conectemos con el presente es un momento mágico porque es cuando tenemos la verdadera oportunidad de elegir una opción diferente. Hablar de esto con vuestro hijo y comentar en voz alta cuándo estáis teniendo un momento mágico puede ayudarlo a identificar esos momentos en sí mismo.

Hay muchas maneras de hablar del mindfulness con nuestros hijos. Espero que este capítulo haya aportado algunas ideas que os permitan empezar a hacerlo. El aspecto más importante es encontrar el lenguaje y las metáforas que más conecten con vuestro hijo. Si os ceñís a los conceptos básicos, o sea, tomar conciencia del momento presente con amabilidad y compasión para poder elegir nuestro comportamiento, no fallaréis.

6

Vuestra caja de juguetes de mindfulness

Supongo que ya tenéis una idea de lo que es el mindfulness, de cómo y por qué funciona y de cómo explicárselo a vuestro hijo. En este capítulo veremos varias formas de profundizar y ampliar vuestra práctica del mindfulness con vuestro hijo. En la primera mitad encontraréis algunos ejercicios de respiración y otras actividades que pueden ayudar a los niños a gestionar algunos de los momentos más difíciles del día: las mañanas, los anocheceres, las comidas y los momentos de transición, como prepararse para ir al colegio o volver a casa después de jugar con un amigo. En la segunda mitad encontraréis una serie de técnicas que pueden ayudar a vuestro hijo, entre otras cosas, a disminuir el estrés, gestionar las emociones intensas y aumentar su capacidad de prestar atención. Como ya he comentado antes, cuanto más practiquéis el mindfulness vosotros solos y luego con vuestro hijo, más probable es que muestre interés en probar nuevas formas de prestar atención, tomar conciencia de su experiencia y reaccionar ante sí mismo y los demás con amabilidad y compasión.

Mientras probáis los distintos ejercicios, concentraos en lo que funciona mejor para vuestro hijo. Si alguna práctica despierta vuestro interés pero no estáis seguro de si le gustará al niño, o si la probáis con él y no funciona, no pasa nada. Recordad que nada dura para siempre y que los niños cambian. Quizás un ejercicio no encaje con vuestro hijo o quizá no sea el ejercicio adecuado para él en ese momento.

Algunas prácticas pueden parecer similares y, en algunos aspectos, lo son. Como en anteriores capítulos, ofrezco diferentes maneras de enfocar o de hablar de la misma idea para que encontréis la que funciona mejor en vuestra familia. A veces, solo se necesita una palabra diferente o un pequeño cambio en la forma de hacer algo para que surta efecto. No existe la manera perfecta de practicar el mindfulness, pero sí hay infinitas maneras de practicarlo bien. Aunque nos parezcan diferentes, todas consisten en prestar atención con amabilidad y curiosidad. Recordad que quien mejor conoce a vuestro hijo sois vosotros y que siempre podéis volver a empezar, sin importar cuánto tiempo hace que no respiráis hondo juntos o no centráis la atención en lo que está sucediendo realmente.

Otro consejo: si percibís resistencia, no presionéis. La resistencia puede manifestarse como una negativa rotunda a participar por parte de vuestro hijo, que se ponga a hacer tonterías o que cambie de tema. Cuando ocurra algo de esto, no insistáis. Si os enfrascáis en una lucha de poder por un ejercicio de mindfulness, probablemente os estresaréis y será menos probable que más adelante el niño quiera intentarlo. Además, siempre es mejor reconocer los esfuerzos que los resultados. Por ejemplo, si vuestro hijo quiere intentar una meditación sentado pero, al cabo de diez o veinte segundos, veis que no puede dejar de moverse, no pasa nada. Decidle que estáis orgullosos de que lo haya intentado y que os encantará volver a intentarlo con él cuando se sienta preparado.

No olvidéis practicar en los momentos de calma. Estos son los ideales para que toda la familia aprenda a utilizar las prácticas para centrarse y enfocar la atención. Y cuanto más hayáis practicado, mejor os saldrá en los momentos difíciles.

Por último, acordaos de que cualquier actividad puede convertirse en un momento de atención consciente o no, según cómo la enfoquéis con vuestro hijo. No existe una forma correcta o equivocada de realizar las prácticas propuestas en este libro, así que no os preocupéis por las reglas o los resultados. Siempre que os mantengáis presentes, abiertos y aceptéis lo que surja, lo estaréis haciendo bien.

Respirar

Respirar conscientemente es una práctica fundamental del mindfulness y una forma útil de encarar cualquier momento difícil. Realizar varias respiraciones conscientes puede ayudar a los niños a encontrar las palabras adecuadas, a que sus berrinches duren menos, a manejar el aburrimiento y a elegir no emprenderla con los demás cuando se sienten frustrados. A continuación describo algunas maneras de enseñar a vuestro hijo a respirar conscientemente.

Respiración con la mano en el corazón

Indicadle a vuestro hijo que ponga la mano sobre vuestro corazón y poned la vuestra sobre el suyo, o poned los dos la mano sobre el propio corazón. Respirad. Sentid vuestra respiración y la del otro.

Respiración espalda con espalda

Sentaos con la espalda contra la de vuestro hijo. Respirad juntos. Variación: tumbaos uno al lado del otro y que cada uno perciba su propia respiración. Si el niño no está interesado en esta práctica, centraos en vuestra propia respiración. Os tranquilizaréis y podréis mantener la calma con más facilidad, y vuestro hijo os seguirá de cerca.

Contar las respiraciones

No resulta fácil llevar la cuenta de la propia respiración. ¡Ni siquiera para los adultos! Contar las respiraciones hasta cinco o diez y volver a empezar es una buena manera de permanecer centrado. Si perdéis la cuenta, volved a empezar.

Contar las cuentas de una «pulsera de respirar»

Muchas tradiciones religiosas utilizan pulseras de cuentas o rosarios para ayudar a los practicantes a permanecer centrados en las oraciones. Una pulsera de respirar confeccionada con cuentas puede ayudar a vuestro hijo a contar sus respiraciones y, al mismo tiempo, proporcionarle algo que hacer con las manos. Podéis comprar ese tipo de pulseras por internet o, aún mejor, comprar las piezas en una tienda de manualidades y confeccionarla juntos.

Respirar acariciando los dedos

Extended la mano y separad bien los dedos. Mientras respiráis, seguid el contorno de los dedos. Inhalad mientras seguís el contorno en sentido ascendente y exhalad al hacerlo en sentido descendente.

Hacer pompas

A muchos niños, sobre todo los más pequeños, les cuesta prestar atención a su respiración. Hacer pompas, soplar flores de dientes de león o molinillos puede ayudarlos a inhalar y exhalar conscientemente.

Apagar las velas

Levantad los dedos y fingid que son velas de cumpleaños. Apagadlas una a una e inhalad hondo entre soplidos.

Acunar al peluche para que se duerma

Decidle a vuestro hijo que elija un muñeco o un peluche pequeño que encaje en su barriga, y luego pedidle que lo duerma respirando suave y lentamente.

Oler las flores, hacer pompas

Esta es una forma magnífica de practicar la respiración por la nariz y la boca. Decidle a vuestro hijo que imagine que sostiene una flor en una mano y un chisme de hacer pompas en la otra. Cuando se acerque la «flor» a la nariz, inhalará su aroma y después, cuando acerque el chisme a su boca, soplará. El objetivo es que respire con un ritmo regular ayudado por el movimiento de las manos.

Recordad que siempre podéis recurrir a la respiración consciente. Esta práctica es central en el mindfulness porque la respiración siempre está ahí, pase lo que pase. Vuestro hijo no tiene que recordar cómo sentarse, qué decir ni ninguna otra cosa. Así que cuando estéis histéricos o vuestro hijo se descontrole y ninguno sepa qué hacer, simplemente respirad con plena conciencia.

Distintas situaciones

Incorporar los ejercicios de mindfulness a la rutina diaria, los momentos de transición o los instantes prediciblemente caóticos del día ayudará a vuestro hijo a aprender a manejar situaciones difíciles y desarrollar hábitos que le resultarán útiles a lo largo de toda la vida.

Por la mañana

Como muchos padres saben, la rutina matutina puede ser... en fin, todo un reto. A menudo hay mucho que hacer en muy poco tiempo, y cuando los niños están somnolientos cuesta motivarlos. Además de hacer muchas cosas la noche anterior, como preparar la comida, la mochila y la ropa del día siguiente, a continuación describo unos cuantos pasos que pueden ayudar a que la rutina matutina sea más consciente.

Cinco minutos más

Si vuestra familia siempre va con prisas por las mañanas, intentad reservar cinco minutos de vuestro horario. Tanto si los dedicáis a preparar las cosas un poco más la noche anterior como si os despertáis un poco antes, esos cinco minutos pueden suponer un gran cambio, sobre todo si los dedicáis a centraros.

Conectar

A muchos niños les ayuda dedicar unos instantes a conectar con sus padres por la mañana. Quizá penséis que no disponéis de tiempo, pero un pequeño achuchón consciente o una breve charla pueden conseguir que el resto de la mañana sea más armoniosa.

Oraciones y mantras

Muchas creencias y tradiciones religiosas tienen por costumbre rezar por la mañana. Expresar gratitud por el nuevo día y ponerle una intención, como la amabilidad, la aceptación, la paciencia o la gratitud, puede ayudarnos a adoptar una actitud mental positiva. Los mantras, que describo en mayor profundidad más adelante, también pueden ayudarnos a centrarnos y ser más conscientes.

Fijarse en qué tiempo hace

Conectar con la naturaleza es una forma rápida y efectiva de centrarse en el momento presente y, a partir de ahí, seguir adelante con una actitud más consciente e intencionada. Dedicar un momento a mirar por la ventana o salir al aire libre puede ayudar a prepararnos para el resto del día.

Mirar el calendario

Hacerlo y recordar el día y el mes en que estamos puede ayudar a nuestros hijos a ser conscientes del paso del tiempo y el ritmo semanal. También puede ayudarles a saber qué les deparará el día, lo que disminuye la ansiedad y les hace sentirse más seguros.

El plan del día

Además de mirar el calendario, podéis dedicar unos instantes a explicarle a vuestro hijo el plan del día: prepararse para ir al colegio, asistir al colegio, entrenamiento de fútbol, deberes, cena, baño, acostarse. Todo lo que podamos hacer para que nuestros hijos sepan qué tienen que hacer a lo largo del día les ayudará a vivir las transiciones con más fluidez.

La hora de acostarse

A muchos niños les cuesta tranquilizar el cuerpo y la mente a la hora de acostarse. Afortunadamente, disponemos de varios recursos para ayudarlo en este trance. Además de las prácticas descritas en esta sección, sugiero apagar todas las pantallas una hora antes de la hora de acostarse, bajar la luz, elegir actividades tranquilas y, a ser posible, que siempre se acuesten a la misma hora y siguiendo la misma rutina.

Recordar el día

Esta es una estupenda manera de calmar una mente agitada. Indicadle a vuestro hijo que recuerde lo que ha hecho ese día, desde que se levantó hasta el momento de acostarse. El objetivo es conseguir una descripción regular de las actividades del día sin detenerse en comentarios o análisis. Algo así: «Me he levantado; he ido al lavabo; me he cepillado los dientes y peinado; me he vestido; he bajado a la cocina y he desayunado un bocadillo; he jugado con el coche de Batman; me he puesto los zapatos y el abrigo...» Cada vez que nuestros hijos hagan esto, estarán centrando la atención y aprendiendo a observar las actividades del día y de su mente sin verse atrapados por ellas, lo que constituye una habilidad de mindfulness fundamental. Pueden hacerlo en voz alta o en silencio. Si les enseñáis a hacerlo mentalmente, es muy probable que se duerman antes de llegar a la hora de la comida.

Meditaciones guiadas y visualizaciones

Muchas meditaciones guiadas y visualizaciones pueden ayudar a vuestro hijo a relajarse al final del día. Ayudarlo a pensar en un lugar agradable real o imaginario o durante unas vacaciones estupendas es una buena forma de empezar. También podéis contarle una historia en la que él sea el protagonista. Tened presente que estas historias no deben tratar sobre enfrentamientos contra dragones. Se trata de ayudarlo a imaginarse que está en un lugar agradable y tranquilo, el que le transmita mayor bienestar, y a permanecer en él. Si os cuesta imaginar historias, en Recursos encontraréis varios libros y CDs excelentes.

Simplemente, relajarse

Gracias a diversas investigaciones y al sentido común, sabemos que decirle a alguien que se duerma raras veces da resultado. En general, cuanto más nos esforzamos en dormirnos, más ansiosos nos ponemos. Así que no le digáis a vuestro hijo que se duerma; mejor decidle que no tiene que dormirse, pero sí guardar silencio y relajarse.

Quizá desee pensar en algo que le haga feliz, algo divertido que le pasó en el colegio o una película que le guste mucho. El sueño llegará.

Amor y amabilidad a la hora de acostarse

Enviar amor y buenos deseos a uno mismo y a otras personas constituye una práctica meditativa básica (véase el capítulo 2) y una buena manera de ayudar a vuestro hijo a centrarse, canalizar su exceso de energía de una forma positiva y sentirse querido y cuidado. Podéis hacerlo informalmente, hablando de personas a quienes queréis y os quieren y enviándoles pensamientos positivos, o más formalmente, recitando frases específicas. Estas resultarán más efectivas si las construís juntos con vuestro hijo. Esta es mi versión preferida: «Espero ser feliz. Espero disfrutar de salud. Espero sentirme segura. Espero sentirme amada.» Después de dirigir los pensamientos positivos hacia él mismo, vuestro hijo puede dirigirlos a otros miembros de la familia, amigos y conocidos con quienes se relacione con regularidad aunque no los conozca mucho (el guardia de la zona de aparcamiento, el librero...), y después al mundo entero. Una variación de este ejercicio es el «te quieros» descrito en el capítulo 5.

La caja de las preocupaciones

Pedidle a vuestro hijo que decore una caja con tapa donde podrá guardar sus preocupaciones por la noche. Podéis preparar un cuenco con piedrecitas o canicas que representen las distintas preocupaciones o escribirlas en papelitos. Ponerlas en una caja es una forma muy concreta de ayudar a vuestro hijo a dejar ir las preocupaciones.

Podéis indicarle que, si no ha terminado de pensar en ellas, todavía estarán ahí por la mañana. Si cuando se despierte no se acuerda, puede significar que ya ha dejado de preocuparse por esa o esas cuestiones, al menos de momento.

Acostar los muñecos de la preocupación

Podéis comprar o confeccionar pequeños muñecos de preocupación. Por la noche, vuestro hijo puede susurrarles a cada uno una preocupación y ponerlos a dormir, junto con sus preocupaciones, bajo la almohada o en una caja; quizás arropados con un trapo a modo de sábana.

Contar hacia atrás

Mi marido empezó a hacerlo cuando nuestra hija mayor era prácticamente un bebé, y varios padres a los que entrevisté me contaron que también lo hacían. Elegid un número, el diez o el veinte son buenas opciones para empezar, y a partir de ellos contad hacia atrás. Podéis empezar con un tono un poco alto e irlo bajando con cada número, o podéis cantar suavemente los números. Esta práctica es una excelente forma de ayudar a vuestros hijos a centrarse en vuestra voz y en los números. Además, saber qué número viene a continuación es relajante.

Las comidas

Cuando comemos más despacio y prestamos atención a lo que estamos ingiriendo en lugar de engullir cada bocado con la vista pegada al televisor o al *smartphone*, disfrutamos más de la comida y realizamos elecciones más saludables respecto a nuestra alimentación. A continuación describo algunas ideas sobre cómo compartir esta práctica con toda la familia.

Dos minutos de meditación o silencio antes de las comidas

Se puede utilizar un despertador, el móvil o un reloj de pared. Dedicad uno o dos minutos a permanecer en silencio en la mesa centrados en la respiración. Podéis animar a vuestro hijo a hacer lo mismo, pero no lo presionéis ni os preocupéis por si está realmente meditando o no. Si permanece relativamente callado y tranquilo, considéralo un éxito.

Bendiciones antes de las comidas

Podéis recurrir a vuestra tradición cultural o religiosa o buscar, con vuestra familia, unas palabras que os ayuden a sentiros calmados, centrados y agradecidos por la comida que vais a tomar. La bendición se puede recitar al unísono o por turnos.

Cuando estéis comiendo, comed

Solo comed. Estableced la norma de que, al menos durante una comida cada día, no habrá libros, pantallas, juguetes o manualidades en la mesa. Comer sin distracciones es muy útil para aprender a prestar atención a una actividad potencialmente aburrida, y también es una habilidad que le será útil a vuestro hijo durante toda la vida.

Jugar con la comida

No me malinterpretéis. Soy una gran defensora de los buenos modales en la mesa y enseño a mis hijas a que no jueguen con la comida. Pero, a veces, dedicar tiempo a explorar qué hay en el plato puede hacer que la comida resulte más divertida e interesante, además de ser una forma estupenda de practicar la atención plena. Formulad a vuestro hijo algunas preguntas acerca de la comida. ¿De qué color es? ¿A qué huele? ¿Qué sabor tiene? ¿Qué textura? Podéis hacerlo más divertido pidiéndole al niño que saboree el sabor y se fije en lo que huele la nariz.

Dejar el tenedor en la mesa entre bocados

Esta práctica ayudará a vuestro hijo a comer más despacio y prestar atención a lo que está haciendo: bocado, tenedor en la mesa, bocado, tenedor en la mesa...

Preguntad a vuestro cuerpo antes de retirar el plato o volver a llenarlo

Esta es una práctica sencilla que ayudará a vuestro hijo a prestar atención a su apetito y a responder consecuentemente. Cuando diga que ya ha terminado o que quiere más, animadlo a consultar primero a su estómago.

El juego de masticar

¿Podéis masticar diez veces cada bocado antes de tragar? ¿Veinte veces? Se trata, una vez más, de ir más despacio y prestar atención. Si lográis que masticar la comida se convierta en un juego o en una competición divertida, es más probable que vuestro hijo se apunte.

Momentos caóticos y de transición

Trasladar a la familia de una actividad a la siguiente, tanto si se trata de salir a toda prisa rumbo al colegio, marcharse de una fiesta o prepararse para dormir, puede ser una fuente de estrés. Son momentos de transición, tan estresantes para los padres como para los hijos. Cualquier cosa que hagáis para permanecer tranquilos ayudará a vuestro hijo a permanecer centrado en lo que tiene que hacer.

Recordar las iniciales ARE

Me encanta esta práctica del libro *A Still Quiet Place*, de Amy Saltzman (2014). La A corresponde a Atención. Cuando las cosas se ponen estresantes o caóticas o no sabemos qué hacer, siempre podemos detenernos y prestar atención. La R corresponde a Respirar. Prestar atención a la respiración puede ayudarnos a calmarnos y centrarnos para tomar mejores decisiones. La E corresponde a Elegir. Respirar conscientemente puede ayudarnos a elegir con mayor acierto qué hacer a continuación.

Prever la transición

Seguramente sabéis qué va a suceder a continuación, por ejemplo, qué tenéis que hacer antes de salir de casa o cuánto tiempo tendréis que esperar en la consulta del médico antes de que os atienda. Pero vuestro hijo tal vez no disponga de esa información. Explicarle los pasos y cuáles son las expectativas puede ayudar a disminuir sus niveles de ansiedad y frustración.

¿Qué recordará?

Esta práctica, que se explica en el capítulo 5, es especialmente útil cuando a vuestro hijo le cuestan los finales o las despedidas. Dedicar tiempo a recordar el acontecimiento y hablar sobre él hará que vuestro hijo sepa que os tomáis en serio su experiencia y le ayudará a afianzar el recuerdo en su memoria.

Abrazos de dedos

Nuestro hijo a menudo ansía o necesita nuestra atención justo cuando estamos demasiado ocupados para prestársela. Entrelazar los dedos con los suyos durante unos instantes puede ser suficiente para centrar su atención en el momento presente y ayudarlo a sentirse más conectado y centrado.

Tres respiraciones mágicas

Describí este ejercicio en el capítulo 2, pero vale la pena volver a considerarlo. A los niños les encanta todo lo relacionado con la magia, y el poder de unas cuantas respiraciones conscientes es absolutamente mágico. En cualquier momento del día, cuando queráis tranquilizaros y centraros para tomar mejores decisiones sobre qué hacer a continuación, vosotros y vuestro hijo podéis realizar tres respiraciones mágicas juntos.

Habilidades

Existe una amplia gama de prácticas y actividades capaces de aumentar la capacidad de vuestro hijo de prestar atención, actuar con amabilidad y gestionar las emociones intensas y las situaciones difíciles con la mayor habilidad posible.

Percibir el momento presente

Prestar atención al momento presente es una forma efectiva de distanciarse del flujo interminable de pensamientos y emociones que, a veces, puede resultar abrumador. No siempre resulta fácil, pero cuanto más lo practiquemos, mejor nos saldrá. A continuación describo diversas actividades que ayudarán a vuestro hijo a practicar esta habilidad.

Mirar las burbujas

Hay algo en el hecho de contemplar cómo las burbujas se alejan flotando en el aire que calma tanto a los niños como a los adultos. También se trata de una forma encantadora de recordar a los pequeños que nada dura para siempre, pero esto no significa que no podamos disfrutar de las burbujas mientras estén a nuestro alrededor.

Mirar cómo cae la purpurina

Agitar un globo de nieve o un tubo de purpurina es un medio efectivo de calmar la mente y el cuerpo de los niños cuando están inquietos. La purpurina que se arremolina en el interior del tubo se parece a sus emociones y los pensamientos alborotados y, cuando contemplan cómo se desliza por el tubo, su mente se tranquiliza. El libro ilustrado *Moody Cow Meditates* (MacLean, 2009) incorpora esta práctica en una historia cautivadora acerca de una ternera que tiene un mal día.

Paseos conscientes

Algunos padres los llaman paseos a ninguna parte. No se trata de hacer ejercicio (véase capítulo 1) ni de llegar a ningún lugar, sino de caminar y darse cuenta de lo que uno se encuentra por el camino. Si vuestro hijo necesita un poco de inspiración o dirección para este tipo de paseo, podéis realizarlo conjuntamente con el ejercicio de prever y revisar (véase capítulo 5).

El juego del cielo

Esta sencilla práctica me la sugirió una madre a la que entrevisté mientras escribía este libro. Cuando sus hijos se ponen gruñones, no paran quietos o se pelean, ella les dice que miren el cielo. Esto les obliga a interrumpir lo que están haciendo y, si están en casa, implica que tienen que acercarse a la ventana. A veces, ven un pájaro o una nube bonita, pero, en cualquier caso, el simple hecho de adoptar otra perspectiva los ayuda a calmar la mente. Se trata de una actividad adecuada para ponerla en práctica en el coche o cuando los niños no muestran interés durante un paseo familiar.

Dibujar lo que se ve

La mejor forma de prestar una atención plena a lo que nos rodea es tener que reproducirlo. Pedir a los niños que dibujen algo que ven es una forma divertida y efectiva de que se centren y mantengan la atención. Pueden elegir qué dibujar o podéis construir bodegones divertidos con juguetes, comida u otros objetos de la casa. Recuerda que no se trata de que vuestro hijo dibuje bien, así que no hagáis comentarios sobre la calidad del resultado.

Prestar atención

Existen innumerables y maravillosas formas de ayudar a nuestros hijos a prestar atención y muchas de ellas son juegos. A continuación describo algunas, pero cualquier actividad que les ayude a ir más despacio, prestar atención o mover el cuerpo con delicadeza será positiva.

Juego de memoria con cartas

El juego de destapar las cartas iguales requiere que los niños presten atención para recordar dónde están las cartas que se van destapando. Existen muchas versiones de este juego y también podéis inventar una vosotros. Para jugar se necesita una baraja formada por parejas de cartas iguales. Una vez barajadas, colocadlas boca abajo sobre una mesa o en el suelo. Los jugadores vuelven dos cartas cara arriba por turnos. Si dos cartas forman pareja, el jugador se las queda y vuelve a jugar. Si no es así, vuelve a ponerlas cara abajo y cede el turno al jugador siguiente. El objetivo consiste en conseguir el máximo de cartas emparejadas posible. Con los niños más pequeños, podéis empezar con solo seis cartas e ir aumentando hasta veinte o más.

El juego de «¿Qué ha cambiado?»

Se trata de un juego fácil y divertido que podéis preparar en casa. Coloca varios objetos, como un bolígrafo, un botón, una cuchara, un peluche pequeño, una pegatina, una pulsera, un cochecito, etcétera, en una superficie plana. Programad una alarma para unos treinta segundos y pedidle a vuestro hijo que observe los objetos durante ese tiempo. Luego pedidle que cierre los ojos y retirad uno o dos objetos; cuando vuelva a abrirlos, deberá indicar cuáles faltan. También es divertido practicar este juego con más de un niño.

Jenga

Este juego clásico consiste en construir una torre con bloques de madera e irlos retirando sin que la torre se derrumbe. El Jenga ayuda a desarrollar la concentración y la conciencia corporal.

Twister

El Twister implica conciencia corporal y estiramientos. Vuestro hijo ni siquiera se dará cuenta de que está desarrollando habilidades útiles mientras coloca la mano derecha sobre el color rojo.

Damas o ajedrez

Estos juegos requieren que vuestro hijo vaya despacio, preste atención, tenga en cuenta la perspectiva del otro jugador y tome decisiones, todas grandes habilidades de mindfulness.

Rompecabezas

Los rompecabezas requieren que los niños permanezcan atentos, se fijen y utilicen la imaginación para deducir si dos piezas encajarán o no.

Bloques de construcción o Lego

A veces nos olvidamos de que jugando los niños aprenden a ir más despacio, fijarse y tomar decisiones, aunque solo se trate de un juego de Lego.

Tejer, colorear y otras manualidades

Cualquier actividad que ayude a vuestro hijo a desarrollar su capacidad creativa es beneficiosa. La naturaleza repetitiva de tejer, colorear, coser y otras manualidades similares las convierte en actividades conscientes.

Fotografiar

La fotografía es una gran metáfora del mindfulness porque consiste en darnos cuenta de lo que hay alrededor y decidir a qué prestamos atención. Gracias a las maravillas de la fotografía digital y la disponibilidad de cámaras baratas, por no mencionar cuánto les gustan las pantallas, muchos niños disfrutarán con esta actividad.

Leer libros

Entre otros beneficios, leerle libros a vuestro hijo es una forma perspicaz y divertida de que practique la escucha y la atención. Además, leerle libros sobre mindfulness os ayudará a introducirlo en estos conceptos de formas nuevas e interesantes y, a la vez, compartiréis un tipo de lenguaje que podréis utilizar en otras ocasiones. En la sección de Recursos he incluido una lista de libros adecuados para este propósito.

Conexión y compasión

Precisamente cuando más lo necesitamos es cuando más nos puede costar adoptar una actitud amable y compasiva. Cuantas más oportunidades propiciemos para que nuestros hijos puedan ser intencionadamente amables, considerados y agradecidos en su vida diaria, más capaces serán de utilizar esta habilidad en cualquier momento. He aquí algunas sugerencias.

Deseos de felicidad

Para mejorar en algo, tenemos que practicarlo. Una excelente forma de ayudar a nuestros hijos a adquirir el hábito de ser amables, es practicarlo. Literalmente. Con la meditación Metta (la práctica del amor y la bondad descrita en el capítulo 2) podéis enviar deseos amorosos hacia vosotros mismos, vuestros amigos, familia, conocidos, personas que os ponen a prueba o el mundo entero. El objetivo de enviar estos deseos positivos no es conseguir que el destinatario necesariamente sea más feliz, sino entrenar vuestra mente en la práctica de la bondad. Podéis repetir las frases durante una meditación silenciosa, escribirlas o recitarlas en voz alta. Las que a mí me gustan son: «Espero que seas feliz. Espero que goces de salud. Espero que te sientas seguro. Espero que te sientas amado.» Si estas palabras no os inspiran, utilizad las que queráis. Otras opciones serían: «Te deseo felicidad. Te deseo buena salud.» Se me ocurren varias maneras de compartir esta práctica con vuestro hijo. Podéis recitar las frases en voz alta al acostarlo o invitarlo a meditar con vosotros y enseñarle a hacerlo.

Compasión encubierta

Aprendí esta idea de Chris Willard (2010) y creo que es genial. A los niños les encanta tramar planes y esta es una bonita forma de hacerlo. Un aspecto positivo del mindfulness es que nadie tiene por qué saber que lo estáis practicando. Los niños pueden enviar secretamente deseos de felicidad a sus amigos, a sus profesores, a sus padres e incluso a niños que les molestan. Es como si construyeran un campo invisible de energía bondadosa a su alrededor que nadie podrá traspasar, sean cuales sean las circunstancias.

Escritura corporal consciente

Esta es una divertida forma de conectar con nuestros hijos al tiempo que les ayudamos a prestar atención a sus sensaciones corporales. Utilizad los dedos para trazar dibujos o palabras en la espalda del niño y pedidle que intente adivinar qué habéis dibujado.

Abrazarse

Esta práctica es como un abrazo o un achuchón normal, pero con el beneficio extra de poner toda nuestra atención. Nuestros hijos no nos permitirán que los achuchemos toda la vida, así que disfrutadlo mientras podáis. Además, el niño aprenderá lo que es sentirse conectado con alguien que le está prestando toda su atención.

Práctica de la gratitud

Los resultados de los estudios sobre los beneficios que aporta la gratitud son increíbles. Se relaciona esta práctica con un aumento de la capacidad de recuperación y la felicidad, relaciones más sólidas, mayor capacidad de conciliar el sueño y reducción del estrés. Hay muchas formas de ayudar a los niños a practicar la gratitud y la mejor es hacerlo con ellos. Durante las comidas, podéis explicar algo por lo que os sintáis agradecidos. También podéis turnaros en redactar un diario de la gratitud o dejar notas en un frasco de la gratitud y leerlas más tarde (véase cómo preparar un frasco de agradecimientos en el capítulo 4).

Mejores y peores momentos

Esta es una forma estupenda para que toda la familia exprese la valoración mutua y practique la escucha consciente y la aceptación de las experiencias de los demás, sean cuales sean. Durante una comida o reunión familiar o en algún momento en el que estéis todos juntos, podéis contar cuáles han sido vuestros mejores y peores momentos del día. Una variación de esta práctica sería la denominada «rosa, espina y capullo», en la que cada uno explica la mejor parte del día, la peor y sus expectativas de futuro. Otra posibilidad es que todos expliquéis las novedades del día, sean cuales sean.

Ponerse en su lugar

Esta es una práctica de compasión fundamental. La mejor forma de enseñársela a nuestros hijos es practicándola nosotros mismos delante de ellos y con ellos. Parece fácil pero no lo es, sobre todo cuando los niños están siendo pesados o desagradables o deciden hacer cosas que no aprobamos. Sin embargo, si podemos conectar con su experiencia y también con la nuestra, ellos se sentirán menos bloqueados, menos solos, y será más probable que regresen pronto al buen camino. Una manera de mejorar en esta práctica consiste en utilizarla en los momentos más favorables. Cuando vuestro hijo tenga un buen momento, silenciad el móvil, apagad el televisor y dedicad cinco o diez minutos a hacer lo que él quiera. Concentraos en escucharlo y en seguir sus propuestas. Cuantas más veces lo hagáis en los momentos tranquilos, más fácil os resultará en los tensos.

Conciencia corporal y relajación

A muchos niños les cuesta tener conciencia corporal y padecen de tensión física e inquietud. He aquí algunos trucos para ayudar a vuestro hijo a empezar a darse cuenta de cómo está su cuerpo y relajarlo.

Comprobación corporal rápida

A veces, el simple hecho de pedirle a vuestro hijo que compruebe cómo está su cuerpo es suficiente.

Chequeo corporal/Relajación muscular progresiva

Esta es una versión más larga de la práctica de CALMARSE descrita en el capítulo 1. En esta meditación guiada, podéis pedirle a vuestro hijo que dirija sucesivamente la atención a cada parte de su cuerpo, desde los dedos de los pies a la coronilla o a la inversa. Podéis sugerirle que relaje los músculos conforme vaya siendo consciente de ellos o, simplemente, que los perciba sucesivamente. En internet encontraréis muchas versiones guiadas de esta práctica. Buscad «escáner corporal relajación para niños» o «relajación muscular progresiva para niños».

Espaguetis cocidos y hombre de hojalata

Esta es una forma más corta y divertida de enseñar a los niños a relajar el cuerpo. Cuando gritéis «¡hombre de hojalata!» vuestro hijo tendrá que enderezarse y tensar el cuerpo, y cuando exclaméis «¡espaguetis cocidos!» tendrá que relajar el cuerpo. Una variación de este ejercicio es el test del espagueti: vuestro hijo tiene que pasar de ser un espagueti crudo a uno cocido y, para conseguirlo, deberá relajarse progresivamente.

Estiramiento estrella de mar

Me encanta esta práctica de Susan Kaiser Greenland (2010). Primero, describidle a vuestro hijo lo que es una estrella de mar: tiene cinco brazos y todos parten desde el centro; la estrella lo hace todo desde el centro, incluso respirar. A continuación, para realizar el estiramiento, pedidle al niño que se tumbe en el suelo. Al inhalar, deberá llevar el aire hacia el centro de su cuerpo y estirar el cuello, los brazos y las piernas tanto como pueda. Durante la exhalación deberá relajarse y descansar en el suelo. Repetidlo tantas veces como queráis.

Bailar

Si vuestro hijo es de los que no pueden parar de moverse, dejad que se mueva. Poned música y bailad. Quitaos de encima las tonterías bailando. Salid al aire libre y corred dando vueltas al jardín o a la manzana. A veces uno tiene que dejarse llevar.

Yoga

El yoga es una gran técnica para que vuestro hijo se mueva, se estire y aprenda a centrar la atención en el cuerpo. En Recursos encontraréis varias sugerencias estupendas para practicar el yoga con los niños. La librería de vuestro barrio también puede ser una buena fuente de recursos. Un consejo: no os preocupéis demasiado por si vuestro hijo realiza correctamente la postura o la mantiene el tiempo suficiente, sobre todo si es pequeño. En este caso, el objetivo es enseñarle nuevas formas de moverse y experimentar su cuerpo mientras se divierte.

Encuentra una clase

Como mi sabia abuela —que crio siete hijos y ayudó a criar numerosos nietos— me dijo en una ocasión, los padres no pueden enseñárselo todo a sus hijos. En una clase de arte, gimnasia, baile, artes marciales, yoga o mindfulness para niños vuestro hijo podrá aprender ideas, actividades y habilidades que complementarán y reforzarán vuestra práctica casera.

Calmarse

Como he comentado antes, no existen las meditaciones para los momentos de crisis. Los adultos no podemos empezar debidamente una actividad nueva cuando nos sentimos abrumados por emociones intensas, y a nuestros hijos les ocurre lo mismo. Sin embargo, contamos con diversos recursos para ayudar a nuestros hijos a tranquilizarse cuando están enfadados, tristes, frustrados o abrumados. A continuación describo algunos.

Una sugerencia importante: hagáis lo que hagáis para calmar a vuestro hijo, será más efectivo si empezáis conectando con él y comprendiendo su experiencia. Si estáis alterados o enojados por su comportamiento, quizá no os resulte fácil y tengáis que calmaros primero, lo que os costará menos si ya lo habéis practicado antes. También podéis practicar algunas de las propuestas siguientes con vuestro hijo, lo que os ayudará a tranquilizaros juntos.

Los ejercicios de respiración y de conciencia corporal son muy útiles para calmar las emociones intensas, así que si vuestro hijo siente preferencia por alguno de ellos, será una buena manera de empezar. En esos momentos, los globos de nieve, los tubos de purpurina y las piedras suaves pueden resultar útiles. He aquí algunas ideas más:

Mantras

Un mantra es una palabra o una frase que vuestro hijo puede repetir en silencio o en voz alta y que le ayudará a enfocar la mente, calmar su energía y centrarse. A la hora de elegir un mantra, debéis tener presente varias cosas. La primera es que los mantras deben ser sencillos, claros y fáciles de recordar. Vuestro hijo puede tener tantos mantras como quiera y puede cambiarlos con el tiempo, pero se trata de elegir algo que recuerde fácilmente en los momentos difíciles, de modo que no es recomendable cambiarlos a menudo. La segunda es que los mantras serán más efectivos si los crea vuestro hijo, así que adaptaos a su iniciativa. Por último, puede ser útil que el mantra esté relacionado con la situación. Por ejemplo, «estoy a salvo» o «puedo hacerlo» son mantras que pueden ayudar al niño a gestionar momentos físicamente complicados, mientras que «esto también pasará» puede ayudarlo a recordar que las situaciones difíciles no duran para siempre. Los mantras también pueden estar formados por palabras divertidas, sonidos disparatados, oraciones breves o melodías simples; o por algo que ayude a vuestro hijo a recordar qué hacer en los momentos difíciles, por ejemplo, «respira», «ve despacio» o «sé amable».

Elegir una frase de la televisión

Las expresiones o frases de películas o programas televisivos populares son muy adecuadas para los niños. «Hakuna Matata», de *El rey león*, enseñó a una generación de niños a tomarse un respiro de las preocupaciones. A otra generación le encanta «soltarse» gracias a la película *Frozen* de Disney. Mary Poppins nos enseñó a decir «Supercalifragilisticoespialidoso» cuando no sabemos qué decir, y cada capítulo de la serie de dibujos animados *Daniel Tiger's Neighborhood*, de la cadena PBS, se basa en una breve canción que contiene una gran lección, como «Cuando algo te parezca malo, dale la vuelta y encuentra algo bueno».

Contar hasta alcanzar la calma

Esta es una variación del ejercicio de los mantras y la he propuesto anteriormente como práctica para la hora de acostarse. A veces, contar hacia delante o hacia atrás entre uno y diez puede ayudar a vuestro hijo a distanciarse de lo que le está ocurriendo interiormente. Si todavía no sabe contar hasta diez, puede hacerlo hasta tres y volver a empezar. Cantar su canción favorita también surte el mismo efecto.

Enchufarse para calmarse

En internet encontraréis aplicaciones, CDs y MP3 de estupendas meditaciones guiadas. En Recursos enumero algunas. Permitir que vuestro hijo pase unos minutos solo y con los auriculares puestos puede ser una forma efectiva de que se calme.

Abrazar fuerte

Muchos niños responden bien a la presión de un abrazo firme. Si a vuestro hijo le cuesta calmarse, intentad ayudarlo con un fuerte y cariñoso abrazo. Otra posibilidad es que lo envolváis en una manta, como se hace con las toallas para bebés, y luego abracéis a vuestro hijo-burrito.

Amar al muñeco favorito

No subestimes el poder de un objeto favorito. Una manta o un peluche favorito puede ser el elemento clave que ayude a vuestro hijo a tranquilizarse. Si no tiene ninguno, sugiero que le compréis algo pequeño y reemplazable. Un consejo: sean cuales sean vuestras normas acerca de compartir, nunca esperéis que vuestro hijo comparta su objeto favorito. El objetivo de este objeto es calmarlo y no debe utilizarse como soborno o castigo.

Baño relajante

Un baño caliente puede tranquilizar a vuestro hijo. Podéis conseguir que sea todavía más relajante añadiéndole burbujas o esencia de lavanda. No se trata de un baño para lavar al niño y frotarlo, sino para que se relaje en el agua calentita. Aseguraos de envolverlo en una toalla grande y suave cuando salga de la bañera.

Escuchar

¿A quién no le gustaría que su hijo fuera capaz de escuchar más atentamente? Como he mencionado antes, una magnífica forma de desarrollar una buena escucha es leerle a nuestro hijo en voz alta. Las meditaciones de escucha también aportan grandes beneficios. Darse cuenta y prestar atención a los sonidos de alrededor puede resultar más fácil que prestar atención a la propia respiración. He aquí algunas ideas más para ayudaros a empezar:

Escuchar música

Siempre es más fácil empezar una nueva práctica con algo simple y que nos haga disfrutar. Escuchar una canción favorita puede convertirse en algo todavía más especial si lo utilizáis como una práctica de meditación que podéis realizar juntos. Decidle a vuestro hijo que el objetivo no consiste en escuchar con mucha atención, sino en darse cuenta de cuándo deja de escuchar la música para centrarse en los pensamientos, y entonces volver a dirigir la atención a la canción.

Tres sonidos leves

Esta es una buena forma de ayudar a vuestro hijo a acostumbrarse a permanecer en silencio. Podéis realizar esta actividad juntos en los momentos tranquilos, cuando el niño necesite tranquilizarse o durante los momentos de transición que no fluyan tanto como querríais. Guardad silencio y pedidle a vuestro hijo que os diga cuándo oye tres sonidos leves. Eso es todo.

El juego silencioso

Esta práctica es una manera de incorporar subrepticiamente unos minutos de meditación de escucha en vuestra vida y funciona especialmente bien en el coche. Todo el mundo deberá guardar silencio hasta que lleguéis al próximo cruce o semáforo en rojo, momento en el que describiréis tres sonidos que hayáis oído.

Cuenco sonoro

Los cuencos sonoros se comercializan en varios tamaños y se hacen sonar frotando el borde con un mazo forrado con tela. Permitir que los niños manejen el mazo es muy útil para conseguir que se interesen por esta práctica. A partir de ahí, el objetivo consistirá en escuchar el sonido del cuenco hasta que se desvanezca del todo.

Dibujar lo que se oye
Poned música y decidle a vuestro hijo que dibuje lo que oye. Después pedidle que os lo explique.

Comprensión y autoconciencia
Uno de los mejores efectos secundarios de ir más despacio y prestar atención a nuestros pensamientos, emociones y sensaciones es que empezamos a disfrutar de una mayor percepción y claridad acerca de lo que nos motiva, nos hiere, nos calma o nos relaja. Los niños son muy distintos unos de otros en relación con su capacidad para conocerse a ellos mismos. Todas las actividades propuestas en este libro los acercarán un paso más hacia la comprensión de quiénes son, cómo funcionan y qué necesitan. He aquí algunas prácticas más que pueden ayudaros:

Diario
Los diarios son un medio excelente para que los niños se expresen y exploren sus sentimientos. A muchos les encanta tener una libreta propia para escribir y dibujar y utilizarla a su gusto. Los diarios con un pequeño cerrojo les resultan especialmente atractivos, pero aseguraos de guardar una llave de repuesto en un lugar seguro. Para que vuestro hijo obtenga los mayores beneficios de su diario, deben cumplirse dos reglas básicas. La primera es que el diario sea un objeto seguro donde el niño puede escribir

o dibujar lo que quiera; cualquier cosa. La segunda es que vosotros no leáis ni miréis el diario a menos que él mismo os invite a hacerlo. Si vuestro hijo necesita orientación o guía en un momento dado, podéis sugerirle que escriba una lista de agradecimientos, que describa lo que ha ocurrido ese día, que anote tres cosas que perciba en ese momento o que se escriba a sí mismo una carta amistosa.

Tabla de seguimiento emocional

Esta es una forma simple de ayudar a vuestro hijo a percibir cómo se siente. Podéis dibujar una tabla sencilla con los días de la semana en la línea horizontal y las horas del día en la vertical. En la línea de las horas, podéis anotar las que vuestro hijo está en casa; de este modo, podrá detenerse a comprobar cómo se siente. Podéis comprar pegatinas con expresiones de emociones o sugerir a vuestro hijo que las describa o dibuje en cada momento. El objetivo no es que exprese siempre emociones de felicidad ni que ese tipo de emociones vaya en aumento, sino que se tome el tiempo necesario para darse cuenta y expresar la emoción que experimente en cada momento, sea cual sea.

Parte meteorológico personal

Esta práctica es una variación de la tabla de seguimiento emocional y puede constituir una gran herramienta para que vuestro hijo perciba sus experiencias internas. También puede ayudarlo a tomar cierta distancia respecto a lo que le está sucediendo y a recordar que, sea lo que sea, no durará para siempre. Hay varias formas de ayudar a vuestro hijo a elaborar un parte meteorológico. Podéis convertirlo en un ritual y realizarlo todos los días, ya sea por la mañana o a la vuelta del colegio. También podéis elaborar unos dibujos de distintos estados climatológicos para que luego el niño los pegue en el horario correspondiente. Podéis pedirle que lo haga cuando no estéis seguros de cómo se siente o qué le ronda por la cabeza. ¿Su estado meteorológico interno es soleado y tranquilo? ¿Lluvioso? ¿Tempestuoso? ¿Cómo le hace sentirse?

Comprobación del semáforo

Si no estáis seguros de cómo se encuentra vuestro hijo y no disponéis de tiempo para entablar una conversación acerca de las emociones, podéis pedirle que haga una comprobación rápida de semáforo. El verde significa que todo va bien y que está preparado para continuar con las actividades diarias. El ámbar significa que las cosas están un poco agitadas y quizá necesite ir más despacio o recibir un poco de apoyo hasta que todo se tranquilice. El rojo significa que hay un problema y es necesario detenerse, conectar y averiguar qué necesita en ese momento. Si la luz del semáforo es ámbar o roja, probablemente será necesario que a continuación habléis sobre lo que ocurre, al menos al principio. Con el tiempo, podéis elaborar un plan con vuestro hijo para que todos sepáis qué hacer cuando la luz no esté en verde.

Crear espacio

A menudo, los niños se quedan atascados en bucles infructuosos y tienen pataletas, adoptan una visión negativa de las cosas o se pierden en sus pensamientos. Puede resultar útil intentar resolver el problema en el momento, quizás hablando o razonando con ellos para que se tranquilicen, pero esta estrategia no siempre resulta efectiva. A veces, la mejor medida es hacer algo absolutamente diferente, algo que saque a vuestro hijo del universo alternativo en que se encuentre y lo devuelva a la realidad. A continuación describo varias ideas sobre cómo hacerlo.

Desconectar para reconectar

La tecnología puede ser una herramienta útil, pero es importante darse cuenta de cuándo no lo es. A veces, los deberes o el ordenador pueden poner nerviosos a nuestros hijos y necesitan alejarse de ellos. A veces necesitan dejar a un lado el *smartphone* o la *tablet* que los ha mantenido en el sofá demasiado tiempo cuando lo que realmente necesitan es comer, moverse o dormir. Según sea la situación, vuestro hijo puede necesitar unos minutos de estiramientos o de bailar antes de volver a centrarse en los deberes; o quizá necesite desconectar de la tecnología durante unas horas o días. Ante esta última propuesta, puede que encontréis cierta resistencia, pero manteneos firmes. Vale la pena. Os resultará más fácil si vosotros también apagáis vuestro ordenador y el móvil. Probablemente, vosotros también os sentiréis mejor.

Al rincón de la calma

Si vosotros o vuestro hijo os habéis olvidado del rincón de la calma, este puede ser un buen momento para volver a visitarlo.

Desconectar el día

Todos tenemos días en que nos sentimos fatal. La capacidad de darnos cuenta de cómo estamos, aceptarlo y recordar que mañana será otro día, puede liberarnos de luchar improductivamente contra lo que está ocurriendo. Desconectar el día puede consistir en permitir que nuestro hijo enfermo o estresado se quede en casa en lugar de ir al colegio; entregar unos deberes con retraso; perderse un entrenamiento deportivo o sencillamente acostarse antes de lo habitual. Todos tenemos días malos, y cuanto más capaces seamos de aceptarlo, más capaces seremos de responder a ellos hábilmente.

Salir para entrar

Como he dicho antes, estar al aire libre ayuda a la mayoría de los niños a mover el cuerpo, desconectar de la mente, tranquilizarse, divertirse y conseguir más claridad acerca de lo que está ocurriendo (véase capítulo 4). Algunos niños pueden considerarlo simplemente un tiempo de juego y está bien que así sea. Su juego es su trabajo y debemos permitir que lo hagan. Para otros niños, el aire libre puede constituir un buen lugar para poner en práctica las meditaciones de escucha, respiración o paseo. Realizarlas al aire libre puede facilitarlas porque no les distraen las pantallas, los juguetes, los deberes u otras actividades que se realizan en casa. Una advertencia: normalmente, cuando pensamos en actividades al aire libre lo relacionamos con el horario diurno, pero salir de noche con nuestros hijos para que vean las estrellas y el cielo nocturno también puede ser una forma de cambiar su perspectiva.

Espero que estas prácticas y el resto de las que figuran en el libro os hayan motivado a practicar personalmente el mindfulness y a compartirlo con vuestro hijo. A medida que colaboréis con él para encontrar maneras de prestar atención al momento presente con amabilidad, curiosidad y aceptación de una forma intencionada y regular, empezaréis a notar cambios, tanto leves como significativos, en vosotros mismos y en vuestro hijo. También sabréis reconocer cada vez más las oportunidades que surjan para crear y mantener, de formas nuevas e imaginativas, los momentos conscientes en vuestra casa. Cuando no estéis seguros si una actividad en concreto es de conciencia plena, he aquí algunos aspectos a recordar:

- Repasad los criterios descritos en el capítulo 3: ¿la actividad ayuda a vuestro hijo a concentrarse, tranquilizarse, ser creativo, curioso o compasivo? En caso afirmativo, vais por buen camino.

- En general, las pantallas no tienen sitio en la práctica de la atención plena, salvo las aplicaciones para móvil de mindfulness o meditaciones (véase Recursos).

- Intentad dejar a un lado los «deberías» y las expectativas. No os preocupéis de los resultados. El mindfulness está relacionado con la aceptación y la amabilidad, no con el juicio o la perfección.

- ¡Divertíos!

Los padres vivimos el día a día acelerados, anticipando problemas, elaborando planes y, en general, haciendo lo que sea a toda prisa para pasar a lo siguiente. Siempre estamos en marcha. Pero esto resulta agotador, no es sostenible y, si no tenemos cuidado, nuestros hijos adoptarán unos hábitos similares. Como nosotros, pueden acabar sintiendo que sus vidas son una sucesión de «preparados, listos... ¡ya!», sin siquiera un momento para tranquilizarse, centrarse y reflexionar sobre dónde han estado, dónde están y adónde quieren ir. Afortunadamente, podemos ayudarlos a romper ese ciclo. Podemos enseñarles a prepararse, estar a punto y simplemente respirar. Cada vez que consigan hacerlo o cada vez que nosotros podamos hacerlo con ellos, estaremos plantando las semillas del mindfulness. De esta forma estaremos inculcándoles habilidades y prácticas que les servirán a lo largo de toda la vida.

Agradecimientos

Antes que nada quiero dar las gracias a todos los padres que encontraron tiempo en sus apretados horarios para compartir sus experiencias y conocimientos conmigo; sus contribuciones han enriquecido sensiblemente este libro. Gracias también a todo el equipo de New Harbinger, que ha estado genial a lo largo de todo el proceso. Todos me apoyaron y fueron pacientes conmigo mientras intentaba encontrar mi voz y mi perspectiva durante el proceso de escritura. Por último, quiero dar las gracias a mis hijas y a mi marido. Sin ellos, nada de esto habría sido posible. Si no hubiera sido madre, no habría encontrado el camino hacia el mindfulness. Sin ellos, nunca me habría dado cuenta de lo maravilloso que puede ser el momento presente.

Recursos

A continuación incluyo varios recursos significativos como libros ilustrados para niños, libros sobre la paternidad consciente, mindfulness para adultos, meditaciones guiadas y aplicaciones para *tablets* y *smartphones*. Existen muchas maneras de acercarse al mindfulness y cada uno de los autores que aparecen a continuación ofrece una voz y estilo propios. Os animo a probar distintas alternativas y comprobar cuál os funciona mejor.

Libros ilustrados para niños

Hay muchos excelentes libros para niños y cada año se publican nuevos. He anotado algunos de mis favoritos sobre temas como el mindfulness y la meditación, la compasión, la identificación y gestión de las emociones, comer conscientemente y el yoga entre otros.

Mindfulness y meditación

ALDERFER, Lauren, *Mindful Monkey, Happy Panda*, Somerville, MA, Wisdom Publications, 2011.

DIORIO, Rana, *What Does It Mean to Be Present?*, Belvedere, CA, Little Pickle Press, 2010.

MACLEAN, Kerry Lee, *Peaceful Piggy Meditation*, Park Ridge, IL, Albert Whitman and Company, 2004.

—, *Moody Cow Meditates*, Somerville, MA, Wisdom Publications, 2009.

NHAT HANH, Thich, *A Handful of Quiet: Happiness in Four Pebbles*, Oakland, CA, Plum Blossom Books, 2012. [*Un guijarro en el bolsillo: el budismo explicado a los niños*, Editorial Oniro, 2003.]

ROEGIERS, Maud, *Take the Time: Mindfulness for Kids*, Washington D. C., Magination Press, 2010.

SHOWERS, Paul, *The Listening Walk*, Nueva York, HarperCollins, 1993.

SISTER SUSAN, *Each Breath a Smile,* Oakland, CA, Plum Blossom Books, 2002.

SOSIN, Deborah, *Charlotte and the Quiet Place*, Oakland, CA, Plum Blossom Books, 2015.

Compasión y otros sentimientos

HILLS, Tad, *Duck & Goose, How Are You Feeling?*, Nueva York, Schwartz and Wade, 2009.

KATE, Byron, *Tiger Tiger, Is It True? Four Questions to Make You Smile Again*, Carlsbad, CA, Hay House, 2009.

MACLEAN, Kerry Lee, *Moody Cow Learns Compassion*, Somerville, MA, Wisdom Publications, 2012.

MCCLOUD, Carol, *Have You Filled a Bucket Today? A Guide to Daily Happiness for Kids*, Northville, MI,

Ferne Press, 2006. [*¿Has llenado una cubeta hoy? Una guía diaria de felicidad para niños*, ed. Ferne Pr.]

RUBENSTEIN, Lauren, *Visiting Feelings,* Washington D. C., Magination Press, 2013.

SILVER, Gail, *Anh's Anger*, Oakland, CA, Plum Blossom Books, 2009.

—, *Steps and Stones: An Anh's Anger Story,* Oakland, CA, Plum Blossom Books, 2011.

—, *Peace, Bugs, and Understanding: An Adventure in Sibling Harmony,* Oakland, CA, Plum Blossom Books, 2014.

Yoga

BAPTISTE, Baron, *My Daddy Is a Pretzel,* Cambridge, MA, Barefoot Books, 2012. [*Mi papá es de plastelina*, RBA, 2005.]

DAVIES, Abbie, *My First Yoga: Animal Poses*, Mountain View, CA, My First Yoga, 2010.

MACLEAN, Kerry Lee, *Peaceful Piggy Yoga,* Park Ridge, IL, Albert Whitman and Company, 2014.

Varios: Comer conscientemente, silencio, el cerebro

DEAK, JoAnn, *Your Fantastic Elastic Brain,* Belvedere, CA, Little Pickle Press, 2010. [*Tu fantástico y elástico cerebro*, Editorial Juventud, 2013.]

LEMNISCATES, *Silence,* Washington D. C., Magination Press, 2012.

MARLOWE, Sara, *No Ordinary Apple: A Story About Eating Mindfully,* Somerville, MA, Wisdom Publications, 2013.

Varios: Enseñar mindfulness a los niños

COHEN HARPER, Jennifer, *Little Flower Yoga for Kids: A Yoga and Mindfulness Program to Help Your Child Improve Attention and Emotional Balance*, Oakland, CA, New Harbinger Publications, 2013.

HAWN, Goldie, *10 Mindful Minutes: Giving Our Children —and Ourselves— the Social and Emotional Skills to Reduce Stress and Anxiety for Healthier, Happy Lives*, Nueva York, Perigee Books, 2012.

KAISER GREENLAND, Susan, *The Mindful Child: How to Help Your Kid Manage Stress and Become Happier, Kinder, and More Compassionate*, Nueva York, Free Press, 2010. [*El niño atento: mindfulness para ayudar a vuestro hijo a ser más feliz, amable y compasivo*, Editorial Desclée de Brouwer, 2014.]

MURRAY, Lorraine, *Calm Kids: Help Children Relax with Mindful Activities*, Edimburgo, Floris Books, 2012.

NHAT HANH, Thich, *Planting Seeds: Practicing Mindfulness with Children*, Oakland, CA, Parallax Press, 2011. [*Plantando semillas*, Kairós, 2015.]

SALTZMAN, Amy, *A Still Quiet Place: A Mindfulness Program for Teaching, Children and Adolescents to Ease Stress and Difficult Emotions*, Oakland, CA, New Harbinger Publications, 2014.

SNEL, Eline, *Sitting Still Like a Frog: Mindfulness Exercises for Kids (and Their Parents)*, Boston, Shambala Publications, 2013. [*Tranquilos y atentos como una rana*, Kairós, 2013.]

WILLARD, Christopher, *Child's Mind: Mindfulness Practices to Help Our Children Be More Focused, Calm, and Relaxed*, Oakland, CA, Parallax Press, 2011.

Crianza consciente

CARTER, Christine, *Raising Happiness: 10 Simple Steps for More Joyful Kids and Happier Parents,* Nueva York, Ballantine Books, 2011. [*El aprendizaje de la felicidad: 10 pasos para fomentar la felicidad en los niños... y en sus padres,* Urano, 2012.]

KABAT-ZINN, Myla, y Jon KABAT-ZINN, *Everyday Blessings: The Inner Work of Mindful Parenting,* Nueva York, Hyperion, 1998. [*Padres conscientes, hijos felices,* Editoral Faro, 2014.]

MARTIN, William, *The Parent's Tao Te Ching: Ancient Advice for Modern Parents,* Cambridge, MA, Da Capo Press, 1999.

MCCRAITH, Sheila, *Yell Less, Love More: How the Orange Rhino Mom Stopped Yelling at Her Kids —and How You Can Too!,* Beverly, MA, Fair Winds Press, 2014.

MCCURRY, Christopher, y Steven HAYES, *Parenting Your Anxious Child with Mindfulness and Acceptance: A Powerful New Approach to Overcoming Fear, Panic, and Worry Using Acceptance and Commitment Therapy,* Oakland, CA, New Harbinger Publications, 2009.

MILLER, Karen Maezen, *Momma Zen: Walking the Crooked Path of Motherhood,* Boston, Shambhala Publications, 2006.

NAUMBURG, Carla, *Parenting in the Present Moment: How to Stay Focused on What Really Matters,* Oakland, CA, Parallax Press, 2014.

PAYNE, Kim John, y Lisa ROSS, *Simplicity Parenting: Using the Extraordinary Power of Less to Raise Cal-*

mer, Happier, and More Secure Kids, Nueva York, Ballantine Books, 2010. [*Crianza con simplicidad*, Paidós, México, 2014]

RACE, Kristen, *Mindful Parenting: Simple and Powerful Solutions for Raising Creative, Engaged, Happy Kids in Today's Hectic World*, Nueva York, St. Martin's Press, 2014.

SHAPIRO, Shauna, y Chris WHITE, *Mindful Discipline: A Loving Approach to Setting Limits and Raising an Emotionally Intelligent Child*, Oakland, CA, New Harbinger Publications, 2014.

SIEGEL, Daniel, y Tina PAYNE BRYSON, *The Whole-Brain Child: 12 Revolutionary Strategies to Nurture Your Child's Developing Mind*, Nueva York, Bantam Books, 2012. [*El cerebro del niño: 12 estrategias revolucionarias para cultivar la mente en desarrollo de vuestro hijo*, Alba, 2012.]

SIEGEL, Daniel y Mary HARTZELL, *Parenting from the Inside Out: How a Deeper Self-Understanding Can Help You Raise Children Who Thrive*, Nueva York, Penguin Books, 2013. [*Ser padres conscientes: Un mejor conocimiento de nosotros mismos contribuye a un desarrollo integral de nuestros hijos*, Ediciones La Llave.]

Mindfulness en general

BOORSTEIN, Sylvia, *Happiness Is an Inside Job: Practicing for a Joyful Life*, Nueva York, Ballantine Books, 2008. [*El secreto de la felicidad está en tu interior: Claves para alcanzar una vida plena*, Oniro, 2010.]

GERMER, Christopher, *The Mindful Path to Self-Compassion: Freeing Yourself from Destructive Thoughts and Emotions*, Nueva York, Guilford Press, 2009. [*El poder del mindfulness: Libérate de los pensamientos y emociones autodestructivas*, Paidós, 2011.]

HARRIS, Dan, *10 % Happier: How I Tamed the Voice in My Head, Reduced Stress Without Losing My Edge, and Found Self-Help That Actually Works—A True Story*, Nueva York, IT Books, 2014. [*10 % más feliz: Cómo conseguí controlar mi voz interior, reducir el estrés sin perder competitividad y encontrar un método de autoayuda realmente eficaz*, Anaya Multimedia, 2014.]

KABAT-ZINN, Jon, *Full Catastrophe Living: Using the Wisdom of Your Body and Mind to Face Stress, Pain, and Illness*, edición revisada y actualizada, Nueva York: Bantam Books, 2013. [*Vivir con plenitud las crisis: cómo utilizar la sabiduría del cuerpo y de la mente para enfrentarnos al estrés, el dolor y la enfermedad*, Kairós, 2016.]

LANGER, Ellen, *Mindfulness. 25th anniversary*, Boston, Da Capo Press, 2014. [*Mindfulness*, Paidós, 2007.]

NEFF, Kristin, *Self-Compassion: Stop Beating Yourself Up and Leave Insecurity Behind*, Nueva York, William Morrow, 2010. [*Sé amable contigo mismo*, Paidós, 2016.]

SALZBERG, Sharon, *Real Happiness: The Power of Meditation. A 28-Day Program*, Nueva York, Workman Publishing, 2010. [*El secreto de la felicidad auténtica. El poder de la meditación. Aprende a ser feliz en 28 días*, Planeta, 2015.]

WILLIAMS, Mark, y Danny PENMAN, *Mindfulness: An*

Eight-Week Plan for Finding Peace in a Frantic World, Nueva York, Rodale Books, 2011. [*Mindfulness: Guía práctica para encontrar la paz en un mundo frenético*, Planeta, 2016].

Libros para ayudarte a simplificar y ordenar tu casa

BECKER, Joshua, *Clutterfree with Kids: Change Your Thinking. Discover New Habits. Free Your Home*, Peoria, AZ: Becoming Minimalist Press, 2014.

GREEN, Melva, y Lauren ROSENFELD, *Breathing Room: Open Your Heart by Decluttering Your Home*, Nueva York, Atria Books, 2014.

JAY, Francine, *The Joy of Less, A Minimalist Living Guide: How to Declutter, Organize, and Simplify Your Life*, Medford, Nueva Jersey, Anja Press, 2010. [*Menos es más: cómo ordenar, organizar y simplificar tu casa y tu vida*, Editorial Zenith, 2016.]

KONDO, Marie, *The Life-Changing Magic of Tidying Up: The Japanese Art of Decluttering and Organizing*, Berkeley, CA, Ten Speed Press, 2014. [*La magia del orden*, Aguilar, 2015.]

Meditaciones guiadas

CLARKE, Carolyn, *Imaginations: Fun Relaxation Stories and Meditations for Kids* (vol. 1), Charleston, Create Space, 2012. [*Imaginaciones: historias para relajarse y meditaciones divertidas para niños*, Ed. Bambino Yoga, 2015.]

—, *Imaginations: Fun Relaxation Stories and Meditations for Kids* (vol. 2), San Diego, CA, Bambino Yoga, 2014.

KERR, Christiane, *Enchanted Meditations for Kids*, Borough Green, Kent, UK, Diviniti Publishing, 2005. Audiolibro y CD.

—, *Bedtime Meditations for Kids*, Borough Green, Kent, UK, Diviniti Publishing, 2005. Audiolibro y CD.

—, *Mermaids and Fairy Dust: Magical Meditations for Girls of All Ages*, Borough Green, Kent, UK, Diviniti Publishing, 2007. Audiolibro y CD.

KLUGE, Nicola, *Mindfulness for Kids I: 7 Children's Meditations & Mindfulness Practices to Help Kids Be More Focused, Calm, and Relaxed*, Houston, Arts and Education Foundation, 2014. Libro y CD.

—, *Mindfulness for Kids II: 7 Children's Stories & Mindfulness Practices to Help Kids Be More Focused, Calm, and Relaxed*, Hou ston, Arts and Education Foundation, 2014. CD.

PINCUS, Donna, *I Can Relax! A Relaxation CD for Children*, Boston, The Child Anxiety Network, 2012. CD.

ROBERTON-JONES, Michelle, *Bedtime: Guided Meditations for Children*, Tring, UK, Paradise Music, 2013. Audiolibro y CD.

SALTZMAN, Amy, *Still Quiet Place: Mindfulness for Young Children*, Portland, CD Baby, 2007. CD.

SUKHU, Chitra, *Guided Meditation for Children-Journey into the Elements*, Playa Del Ray, CA, New Age Kids, 2002. CD.

Aplicaciones

Buddhify. Esta aplicación incluye más de ochenta meditaciones guiadas de distinta duración y para situaciones diversas. Adecuada, sobre todo, para adultos. $4.99 en iTunes, $2.99 en Google Play.

Calm.com. Página web y aplicación con meditaciones guiadas para adultos. También adecuada para niños. Gratis en iTunes y Google Play.

Enchanted Meditation for Kids 1, de Christiane Kerr. Esta aplicación incluye meditaciones guiadas como *Jellyfish Relaxation* y *The Magic Rainbow*, para niños de tres a nueve años. $2.99 en iTunes, $3.36 en Google Play.

Headspace. Incluye diversos grupos de meditación de distintos temas y duraciones. Adecuada, sobre todo, para adultos. Se ofrecen diez meditaciones guiadas gratis en iTunes y Google Play. Hay meditaciones adicionales disponibles mediante el pago de una cantidad.

Insight Timer. Temporizador de meditación y meditaciones guiadas para adultos. Gratis en iTunes y Google Play.

iZen Garden. Esta aplicación transforma la pantalla de tu *smartphone* en un jardín zen portátil. Utiliza los dedos para realizar trazos en la arena o mover las piedras para diseñar tu jardín. $3.99 en iTunes y Google Play.

Meditate Now Kids, de Hansen Stin. Incluye cinco meditaciones guiadas para niños: *feel better* [siéntete mejor], *calm down* [cálmate], *take a magical vacation* [tómate un descanso mágico], *go on an adventure* [lánzate a una aventura] y *fall asleep* [duérmete]. $1.99 en iTunes.

Meditation-Tibetan Bowls, de RockCat Studio Limited. Elige un cuenco sonoro y hazlo sonar. Adecuado para niños y adultos. Gratis en iTunes y Google Play.

My First Yoga-Animal Poses for Kids, de Atom Group. Esta aplicación guía a los niños en la realización de posturas de yoga fáciles y semejantes a las de los animales. Acompaña al libro del mismo título de Abbie Davies. Gratis en iTunes.

Smiling Mind. Meditaciones guiadas para niños y adolescentes de siete años en adelante. Se pueden probar gratis en iTunes y Google Play.

ZenFriend. Temporizador de meditación y aplicación de seguimiento con meditaciones guiadas. Gratis en iTunes. Distintas categorías disponibles.

Referencias

AMES, C., J. Richardson, S. Payne, P. Smith, y E. Leigh, «Mindfulness-Based Cognitive Therapy for Depression in Adolescents», *Child and Adolescent Mental Health*, 2014, 19 (1): 74-78.

BEACH, S. R., «40 Ways to Bring Mindfulness to Your Days», *Left Brain Buddha* (blog), 21 de abril de 2014, *http://leftbrainbuddha.com/40-ways-bring-mindful ness-days/*.

BEI, B., M. L. Byrne, C. Ivens, J. Waloszek, M. J. Woods, P. Dudgeon, G. Murray, C. L. Nicholas, J. Trinder, y N. B. Allen, «Pilot Study of a Mindfulness-Based, Multi-Component, In-School Group Sleep Intervention in Adolescent Girls», *Early Intervention in Psychiatry*, 2013, 7 (2): 213-220.

BLACK, D. y R. Fernando, «Mindfulness Training and Classroom Behavior Among Lower-Income and Ethnic Minority Elementary School Children», *Journal of Child and Family Studies*, 2014, 23 (7): 1242-1246.

BORCHARD, T., «Sanity Break: How Does Mindfulness Reduce Depression? An Interview with John Teasdale, PhD», *Everyday Health*, 11 de noviembre de 2013, *http://www.everydayhealth.com/columns/therese-borchard-sanity-break/how-does-mindfulness-reduce-depression-an-interview-with-john-teasdale-ph-d/*.

BROWN, P. L., «In the Classroom, a New Focus on Quieting the Mind», *New York Times*, 16 de junio de 2007, *http://www.nytimes.com/2007/06/16/us/16mindful.html*.

Centers for Disease Control and Regulation, «Attention-Deficit/Hyperactivity Disorder: Data and Statistics», *http://www.cdc.gov/ncbddd/adhd/data.html/*.

CHAI, P., «Natural Born Chillers», *Daily Life*, 13 de febrero de 2012, *http://www.dailylife.com.au/life-and-love/parenting-and-families/natural-born-chillers-20120213-1qx87.html/*.

COHEN HARPER, J., *Little Flower Yoga for Kids: A Yoga and Mindfulness Program to Help Your Child Improve Attention and Emotional Balance*, Oakland, CA, New Harbinger Publications, 2013.

FLOOK, L., S. L. Smalley, M. J. Kitil, B. M. Galla, S. Kaiser Greenland, J. Locke, E. Ishijima y C. Kasari, «Effects of Mindful Awareness Practices on Executive Functions in Elementary School Children», *Journal of Applied School Psychology*, 2010, 26 (1): 70-95.

HÖLZEL, B., S. W. Lazar, T. Gard, Z. Schuman-Olivier, D. R. Vago y U. Ott, «How Does Mindfulness Meditation Work? Proposing Mechanisms of Action from a Conceptual and Neural Perspective», *Perspectives on Psychological Science*, 2011, 6 (6): 537-559.

KAILUS, J., «How to Become a Mindful Parent: An Interview with Jon and Myla Kabat Zinn, autores de *Everyday Blessings: The Inner Work of Mindful Parenting*». Gaiam Life, 2014, *http://life.gaiam.com/article/how-become-mindful-parent/*.

KAISER GREENLAND, S., *The Mindful Child: How to Help Your Kid Manage Stress and Become Happier, Kinder, and More Compassionate*, Nueva York, Free Press, 2010. [*El niño atento: mindfulness para ayudar a vuestro hijo a ser más feliz, amable y compasivo*, Editorial Desclée de Brouwer, 2014.]

KUYKEN, W., K. Weare, O. C. Ukoumunne, R. Vicary, N. Motton, R. Burnett, C. Cullen, S. Hennelly y F. Huppert, «Effectiveness of the Mindfulness in Schools Programme: Non-Randomised Controlled Feasibility Study», *The British Journal of Psychiatry*, 2013, 203 (2): 126-131.

LAZARUS, R., *Psychological Stress and the Coping Mechanism*, Nueva York, McGraw-Hill, 1966.

MACLEAN, K. L., *Moody Cow Meditates*, Somerville, MA, Wisdom Publications, 2009.

MCCLOUD, C., *Have You Filled a Bucket Today? A Guide to Daily Happiness for Kids*, Northville, MI, Ferne Press, 2006. [*¿Has llenado una cubeta hoy?* Editor: Ferne Press.]

MENDELSON, T., M. T. Greenberg, J. K. Dariotis, L. F. Gould, B. L. Rhoades y P. J. Leaf, «Feasibility and Preliminary Outcomes of a School-Based Mindfulness Intervention for Urban Youth», *Journal of Abnormal Child Psychology*, 2010, 38 (7): 985-994.

MILLER, K. M., «How to Meditate», *Cheerio Road*

(blog), 11 de julio de 2009, *http://karenmaezenmiller. com/how-to-meditate/*.

NHAT HANH, T., *Planting Seeds: Practicing Mindfulness with Children*, Berkeley, CA, Parallax Press, 2011. [*Plantando semillas*, Kairós, 2015.]

PAYNE, K. J. y L. Ross, *Simplicity Parenting: Using the Extraordinary Power of Less to Raise Calmer, Happier, and More Secure Kids*, Nueva York, Ballantine Books, 2010. [*Crianza con simplicidad*, Paidós, México, 2014.]

RAZZA, R., D. Bergen-Cico y K. Raymond, «Enhancing Preschoolers' Self-Regulation via Mindful Yoga», *Journal of Child and Family Studies*, 2015, 24 (2): 372-385.

SALTZMAN, A., *A Still Quiet Place: A Mindfulness Program for Teaching Children and Adolescents to Ease Stress and Difficult Emotions*, Oakland, CA, New Harbinger Publications, 2014.

SALVUCCI, D. y N. Taatgen, *The Multitasking Mind*, Nueva York, Oxford University Press, 2010.

SALZBERG, S., *Real Happiness: The Power of Meditation*, Nueva York, Workman Publishing, 2010. [*El secreto de la felicidad auténtica. El poder de la meditación. Aprende a ser feliz en 28 días*, Planeta, 2015.]

SRINIVASAN, M., *Teach, Breathe, Learn: Mindfulness in and out of the Classroom*, Oakland, CA, Parallax Press, 2014.

TAN, L. y G. Martin, «Taming the Adolescent Mind: A Randomised Controlled Trial Examining Clinical Efficacy of an Adolescent Mindfulness-Based Group Programme», *Child and Adolescent Mental Health*, 2015, 20 (1): 49-55.

TIPPETT, K., «God Has a Sense of Humor, Too», Entrevista radiofónica a Jon Kabat-Zinn sobre *On Being*, 16 de abril de 2009, *http://www.onbeing.org/program/opening-our-lives/138/*.

WILLARD, C., *Child's Mind: Mindfulness Practices to Help Our Children Be More Focused, Calm, and Relaxed*, Oakland, CA, Parallax Press, 2010.

WILLEMS, M., *Don't Let the Pigeon Drive the Bus*, Nueva York, Hyperion, 2003. [*No dejes que la paloma conduzca el autobús*, Entre Libros, 2006.]

Padres colaboradores

Deseo expresar mi más profunda gratitud a los siguientes padres, quienes están comprometidos en la práctica y enseñanza del mindfulness y la compasión en el seno de sus familias. Esta obra existe porque ellos fueron amables y generosos y compartieron su sabiduría, conocimientos y experiencias con la autora.

Allison Andrews, doctora en Psicología, psicóloga clínica. *http://www.allisonandrewspsyd.com/*

Rita Arens, autora de la novela juvenil, *The Obvious Game*. *http://www.blogher.com/myprofile/rita-arens/*

Jessica Berger Gross, escritora, yogui y autora de *Estranged* y *Enlightened: How I Lost 40 Pounds with a Yoga Mat, Fresh Pineapple, and a Beagle Pointer*. *http://www.jessicabergergross.com/*

Janah Boccio, licenciada en Trabajo Social Clínico.

Nicole Churchill, máster en Bellas Artes, musicoterapeuta certificada y cofundadora de Samadhi Integral.
http://www.samadhiintegral.com/

Jennifer Cohen Harper, fundadora de Little Flower Yoga y autora de *Little Flower Yoga for Kids: A Yoga and Mindfulness Program to Help Your Child Improve Attention and Emotional Balance.*
http://www.littlefloweryoga.com/

Estelle Erasmus, periodista, escritora, y ex directora de revista.
http://www.musingsonmotherhoodmidlife.com/

Nanci Ginty Butler, trabajadora social clínica.

April Hadley, MSW, cofundadora del Grand Rapids Center for Mindfulness.
http://grandrapidscenterformindfulness.com/

Danya Handelsman, fisioterapeuta infantil y *coach* parental.
http://www.danyaparentcoach.org/

Gina Hassan, profesora de mindfulness y psicóloga.
http://www.ginahassan.com/

Joshua Herzig-Marx, mi marido.

Dara James, MS, experta en comida consciente.

Ellie Klein, propietaria de Family Restorative Yoga.
http://www.familyrestore.com/

Brian Leaf, máster en Bellas Artes, autor de *Misadventures of a Parenting Yogi.*
http://www.misadventures-of-a-yogi.com/

Josh Lobel, padre de tres hijos y abnegado practicante de mindfulness.

Alison Auderieth Lobron, escritora y educadora infantil.
http://frootloopsblog.wordpress.com/

Nina Manolson, máster en Bellas Artes, trabajadora social experta en salud, *coach* de salud holística y psicología del comer y fundadora de Nourished Woman Nation.
http://www.ninamanolson.com/

Sheila McCraith, autora de *Yell Less, Love More: How the Orange Rhino Mom Stopped Yelling at Her Kids — And How You Can Too!*
http://theorangerhino.com/

Lisa A. McCrohan, trabajadora social clínica, profesora de yoga registrada, psicoterapeuta, *coach* de la compasión y poeta.
http://www.barefootbarn.com/

Lindsey Mead, escritora.
http://www.adesignsovast.com/

Josh Misner, doctorado en Psicología, autor del *Mindful Dad blog.*
http://mindfuldad.org/

Meghan Nathanson, escritora y artista.
http://www.meghannathanson.com/

Sheila Pai, *coach* parental y fundadora de A Living Family.
http://www.sheilapai.com/

Miranda Phillips, profesora y organizadora de comunidades.

Sarah Rudell Beach, máster en Educación, directora ejecutiva de Brilliant Mindfulness, instructora de mindfulness y autora del blog *Left Brain Buddha.*
http://www.brilliantmindfulness.com/

Rabbi Danya Ruttenberg, autor de *Nurturing the Wow: Parenting as a Spiritual Practice* y *Surprised by God: How I Learned to Stop Worrying and Love Religion.*
http://danyaruttenberg.net/

Sara Schairer, fundadora de Compassion It
http://www.compassionit.com/

Nicole Snyder, cofundadora de Inspired Family.
http://inspiredfamily.us/

Erica Streit-Kaplan, trabajadora social y profesional de la salud pública.

Susan Whitman, *coach* de salud integrativa y fundadora de Trail to Wellness.
http://www.trailtowellness.com/

PADRES CONSCIENTES

Shefali Tsabary

La doctora Shefali Tsabary explica que nuestros hijos solo pueden convertirse en adultos conscientes si nosotros, como padres, procuramos elevarnos a un estado superior de consciencia.

Cambiando por completo la idea tradicional de crianza de los hijos, la doctora Tsabary aleja el epicentro de la clásica relación padres-hijos basada en que los primeros «lo saben todo» y lo lleva a una relación mutua en la que los padres también aprenden de los hijos. Ahora el centro de atención reside en la afinidad recíproca y la asociación espiritual del viaje padres-hijos.

En el enfoque de la doctora Tsabary sobre el estilo parental, los hijos funcionan como espejos del «yo olvidado» de los padres. Tan pronto como recuperan su esencia, los padres entran en comunión con sus hijos. Los unos y otros descubren su capacidad para relacionarse en un estado de presencia.

SIN CONTROL

Shefali Tsabary

Sin control revela el modo en que la disciplina que imponemos para controlar la conducta de nuestros hijos es, en realidad, la causa principal de su mala conducta.

La doctora Tsabary afirma que para que la crianza sea eficaz debemos desarrollar una profunda conexión con nuestros hijos y abordar los sentimientos que impulsan sus conductas, en lugar de castigarlos.

Lejos de abogar por una actitud del tipo «dejar pasar» o «todo vale», la doctora Tsabary recomienda que los padres adopten una actitud resuelta, no basada en el control del niño sino, sobre todo, en ayudarlo a desarrollar un profundo sentido de responsabilidad personal.